KB054203

읽었으면 달라져야

진짜독서

읽었으면 달라져야
진짜 독서

지은이 | 서정현
펴낸곳 | 북포스
펴낸이 | 방현철
편집자 | 권병두
디자인 | 엔드디자인

1판 1쇄 찍은날 | 2018년 5월 18일
1판 2쇄 펴낸날 | 2018년 7월 25일

출판등록 | 2004년 02월 03일 제313-00026호
주소 | 서울시 영등포구 양평동5가 18 우림라이온스밸리 B동 512호
전화 | (02)337-9888
팩스 | (02)337-6665
전자우편 | bhcbang@hanmail.net

이 도서의 국립중앙도서관 출판시도서목록(CIP)은 e-CIP 홈페이지(http://www.nl.go.kr/ecip)와
국가자료공동목록시스템(http://www.nl.go.kr/kolisnet)에서 이용하실 수 있습니다.
(CIP제어번호: 2018013612)

ISBN 979-11-5815-022-8 03190
값 14,000원

진짜 독서

읽었으면 달라져야

서정현 지음

북포스

많이, 빨리 읽으면
진짜 내 삶이 달라질까?

지금 사람들은 책을 읽을 줄 모른다. 예컨대 〈논어〉를 읽었는데 읽기 전이나 읽은 후나 똑같은 사람이라면 그것은 읽지 않은 것과 마찬가지다. _ 1천 년 전 선비 정자(程子)

11시 30분 무렵부터 여의도에는 점심 분위기가 무르익는다. 12시면 테이크아웃 커피를 든 직장인이 가로수 벤치와 거리를 채운다. 각자 업무는 다를지 몰라도 대부분 비슷한 하루를 보낸다. 오전에 회의하고 점심으로 뭘 먹을까 고민하다가 어느덧 오후를 지나 퇴근시간을 맞이한다. 어스름이 내리는 거리는 동료들끼리 생맥 한 잔 나누는 곳으로 변모한다. 주거니 받거니 왁자지껄 떠들다 보면 다시 아침을 맞으러 집에 가야 할 시간이다. 틀에 박힌 하루의 풍경이 '일상이라는 이름으로 지나간다.

찰리 채플린 주연의 영화 〈모던 타임즈〉는 기계와 노동의 반복적 패턴을 영상으로 옮겨놓았다. 영화에 등장하는 물리적인 단순 동작, 즉 포디즘(fordism)은 미국 기업가 헨리 포드의 이름에서 유래한 용어다. 컨베이어벨트를 연상시키는 이 단어는 높은 생산성과 고임금에 기초한 대량생산 시스템을 지칭한다. 포디즘 안에서 사람은 기계의 일부가 된다. 같은 일만 반복하다 보니 뇌를 쓸 일이 없다. 머리는 장식품이다. 도리어 거추장스럽다. 자동적으로 움직이는 내 몸은 시스템의 일부가 되어 파워 스위치만 누르면 기계적으로 작동한다. 머리를 쓰는 일은, 내게 업무를 부여하고 내게 월급을 주는 그 사람의 몫이다. 그는 머리를 쓰니까 지배할 자격을 갖고, 나는 머리를 안 쓰니까 지배당한다. 열심히 뛰고 있다고 믿는 나, 그 '열심히'는 정말 나를 위한 걸까.

의구심이 들면 잠시 달리던 걸음을 멈추고 쳇바퀴를 내려와야 한다. 한 걸음 뒤로 물러나서 나를 둘러싼 이 일상을 객관적으로 조망할 수 있어야 한다. 그런 통찰이 있어야 변신을 꾀할 수 있다. 내가 지금껏 아무 생각 없이 거대한 시스템의 일부로 살아왔다는 사실부터 돌이켜 보아야 한다. 사유의 부재를 깨달아야 한다.

그런데 우리는 내려올 생각이 없다. 어떻게든 쳇바퀴를 더 빨리 돌리고픈 마음뿐이다. 그러다 다음과 같은 문구에 시선이 멈춘다.

짧은 시간 안에 많은 책을 읽는 획기적인 방법!

인생이 달라지는 위대한 책읽기!

우리는 종종 이런 자극적이고 유혹적인 카피를 만난다. 수많은 독서법이 탄생하게 된 이유다. 모든 독서법은 이러한 태생의 이유를 안고 있다. 바쁜 현대인의 빈틈을 파고든다. 시간에 쫓기는 도시인들에게 입맛을 다시게 만든다.

빨리, 많이 중독

우리는 너무 바쁘다. 아무리 유익한 강의라고 하더라도 일일이 찾아듣기 쉽지 않다. 설령 얻을 게 많은 세미나가 있더라도 짬을 내기 어렵다. 그런 바쁜 현실에서 효율을 강조하는 독서법은 그 자체로 유혹적이다. 과자 먹듯 문화를 깔짝깔짝 즐기는 스낵 컬처 시대, 대중의 마음을 사로잡는 독서법은 오늘도 누군가의 머리에서 기획되고 있다.

1시간 독서법, 아침 독서법, 천 권 독서법, 30분에 1권 독서법, 리더들의 독서법, 짜투리 독서법, 질문하는 독서법, 천재 독서법, 속독법, 왕들의 독서법, 리더들의 독서법, 고전 독서법……

책을 등지고 사는 사람들에게 독서 세계 입문을 유도한다면 그나마 의미를 찾을 수 있다. 독서모임에 참석하며 책과 친해지도록 만든다면 그것도 괜찮은 방법이다. 하지만 딱 거기까지다. 그 다음은? 하기 나름이란다. 노력 대비 효과가 대단하다고 침 튀기며 자랑하는 그들의 독서법은 마치 패스트푸드처럼 입맛만 겨냥한다. 일시적으로 독서에 대한 관심을 끌어올릴 수 있지만 내 몸에는 본질적인 변화가 없다.

그들 말처럼 빨리, 많이 하면 효과가 보장되는가? 진짜인지 검증되지 않은 그들의 '효율성'은 성과로 이어질까? 가성비를 따지는 우리의 현실에서 효율을 앞세운 약장수의 전략은 과연 인생 전체의 판을 놓고 볼 때도 가성비가 높은 것일까. 우리는 전술에서는 이기고 전략에서는 지는 경우를 종종 보게 된다. 진짜 가성비가 높은 독서라면 삶의 곳곳에 영향을 미치는 차원 다른 독서가 되어야 한다. 뇌의 한 곳에 잠재되어 언제든 매개체를 만나면 질적 변화를 불러일으킬 수 있는 촉매제가 되어야 한다.

이것은 체화된 독서일 때 가능하다. 일상이 책과 함께하는 삶일 때만 가능하다. 삶에 젖어든 독서라야 일상에서도 그만한 사유가 펼쳐진다. 이것이 수천 년간 독서가들이 책을 가까이 두고 읽었던 이유다.

1시간에 한 권 읽는 독서법은 과연 음미하는 단계를 거칠 수 있을까?

1시간은, 저자와 교감하거나 내 생각을 추출하는 데 충분한 시간일까?

독서 천재라는 것은 과연 어디에서 그 효용성을 입증할 것인가?
방대한 분량의 문서를 단숨에 읽어낸다는 것이 독서의 본질보다 앞설
까?

의도적으로 천천히 읽기

레밍효과라는 것이 있다. 들쥐의 일종인 레밍은 주로 핀란드와 스칸
디나비아반도의 산악지대에 서식한다. 이 들쥐는 번식력이 강하고,
먹이를 찾아 무리지어 이주하는 습성을 갖고 있다. 레밍이 유명해진
것은 번식력과 집단이주가 아니라 '집단자살' 때문이다. 한 무리의 레
밍이 새로운 먹이창고를 찾아 헤매다 해안 절벽에 도착한다. 더 갈 곳
이 없지만 무슨 일인지 선두그룹 대장이 절벽 아래로 뛰어내린다. 후
위 레밍들은 일체의 의심도 없이 대장을 따라 몸을 던진다. 의도된 자
살이든 아니든 단체로 빠져죽는다.

 이러한 현상은 동물세계에서만 발견되는 것이 아니다. 모두가 벼
랑 끝으로 달려가는 쥐떼들처럼 우리 역시 일상이라는 수레바퀴 속
을 달리는 데 익숙해져 있다. 무수한 날을 바퀴 속에서 달리듯 독서
도 그와 같이 하려고 한다. 이유는 불문이다. 닥치는 대로 읽기만 하
면 된다. 생각은 버려두고 오라. 빨리 읽기만 하면 된다. 그러나 내 삶
과 별개인 독서법은 자기 속임수에 불과하다. 어디로 가야 하는지 생

8

각할 기회를 차단하고 맹목적으로 독서만 하면 된다고 말한다. 그냥 지금보다 더 빨리 달릴 수 있다고 말한다. 검증되지 못한 '효율성'에만 방점을 쿡 찍는다.

효율과 효과는 다르다. 효율은 단지 속도를 강조한다. 결과에 대해서는 입을 다문다. "그래서 몇 권을 읽었다는 것 말고 삶이 어떻게 달라졌는데?" 하고 물으면 '네가 원하는 걸 더 빨리 얻을 수 있다고 역시 효율로 답한다. 그런데 내가 달리는 이 길이 누군가의 지배 구조 아래 놓여 있다면? 나는 그저 거대한 시스템의 일부일 뿐이라면? 효율 운운하는 자들은, 내가 노예가 되든 기계가 되든 그건 관심 밖인 것 같다.

독서는 주체적인 인간을 만드는 데 그 목적이 있다.

속독, 다독은 하등 중요치 않다. 책은 의도적으로 천천히 읽어야 한다. 문자 해독 능력이 높아지면 속도는 저절로 따라온다. 그래서 많이 읽으려는 욕심보다 텍스트의 파악과 의미재구성에 초점을 맞춰야 한다. 내적 변화를 일으킬 수 있는 독서는 묵상으로부터 나온다. 깊은 사유로부터 환경을 바꿀 수 있는 힘도 생긴다. '사유'라는 과정이 들어가야 비로소 진짜 책읽기가 된다. 사유가 빠지면 그건 책읽기가 아니라 글자 읽기에 불과하다. 자료를 찾거나 인용하기 위해 들춰보는 일은 독서의 본질이 아니다. 진짜 독서는 책을 덮는 순간부터 시작된다.

독서 과정의 일부인 사유로부터 얻은 깨달음을 삶에 적용할 때 독서가 완성된다. 텍스트가 삶에 화학작용을 일으키는 일, 그게 '책 좀 읽었다'는 말의 진짜 의미다. 나는 그 '책 좀 읽었다'는 그런 이야기를 하고 싶다.

2018년 4월
서정헌

읽었으면 달라져야 진짜 독서

목차

3장 활자 냄새를 맡으며 책 고파지는 방법
| 독서습관 들이기 액션플랜 |

4장 독서 초보 탈출을 위한 도움말
| 진일보를 위한 8가지 키워드 |

5장 이 가난한 시대, 책을 읽지 않으면 무엇으로 영혼을 살찌우랴

| 독서를 권하는 8가지 이유 |

1장

책을 읽기 전과
읽은 후가 똑같다면
나는 왜 책을 읽는 것이지?

– 다독과 속독의 함정에서 벗어나기

01

철 지난
독서법

어느 순간부터 독서 권수가 독서내공을 증명하는 기준이 되었다. 자본주의 사회에서는 숫자가 차지하는 비중이 압도적이다. 바쁠수록 증명의 대부분은 숫자로 처리한다. 어느 정도 물리적인 양이 있어야만 질적인 것을 담보할 수 있다고 믿는 이 시대의 가치관도 한몫한다. 우리는 별다른 고민 없이 독서에도 숫자를 대입한다. 독서 권수가 절대적인 것처럼 말한다. 백 권을 읽고 천 권을 읽은 게 중요하단다. 삶이 여전히 수동적인지, 내가 노예인지는 묻지도 따지지도 않는다. 씹지도 않고 음식을 꿀꺽 삼키는 사람이나 밥 열 공기를 목구멍 뒤로 넘기는 사람을 미식가라고 말하지 않으면서 독서에서는 유독 다독가와

16

속독가를 마치 정통 독서가인 양 일컫는다.

짧은 시간 이루어지는 양적 독서에는 함정이 있다. 넘치는 텍스트로 인해 활자의 내밀한 속뜻을 음미할 시간이 부족하다. 너무 많은 문장을 만나다 보니 모래와 금을 분간하지 않는다. 활자만 마구 섭취한 결과, 정신적 소화불량에 걸린다. 맛을 제대로 느껴볼 시간이 없다.

과유불급(過猶不及), 즉 활자의 과잉이 피상적 독서괴물을 만든다.

읽은 권수를 강조하다 보니 테크닉 독서밖에 답이 없다. 의미 파악과 묵상보다는 효율만을 최고의 가치로 여기는 함정에서 못 벗어난다. 활자 과잉으로 흐를 수 있는 속독은 글자 판독에 지나지 않는다.

학창시절, 독서의 기준 역시 권수였다. 많이 읽은 학생들에게는 '독서왕'이라는 타이틀이 주어졌다. 사실 평가하기 가장 쉬운 기준이 숫자였기 때문이리라. 교육 스스로가 책읽기를 평가의 도구로 전락시킨다. 독서라는 좋은 이름을 빌려서 활자 소비 괴물을 양성한다. 그 사이 학생들은 진짜 독서로부터 멀어진다. 책이란 많이 읽는 게 장땡이다! 내면의 변화는 내가 알 바 아니다! 권수에 집착하는 행위가 공교육의 평가 방식에서 비롯되었다는 점을 생각하면 이는 후유증치고는 커다란 손실이다.

독서는 올림픽이 아니다

천 권, 오천 권, 만 권처럼 양적인 독서를 권유하는 것은 20세기의 철 지난 독서법이다. 4차 산업혁명이 화두인 지금, 독서 개념은 달라졌다. 21세기는 많이 아는 것을 목적으로 책을 읽지 않아도 된다. 다음, 네이버, 구글만 검색해도 백과사전적 정보는 얼마든지 넘친다. 똑똑한 인공지능 기기들이 내 비서가 되어준다. 책의 권수, 읽은 양만을 자랑할 시대는 아니다.

텍스트는 사유의 시간을 필요로 한다. 오늘 한 권의 책을 읽었다면 그에 비례하는 만큼의 시간을 사유에 투입해야 한다. 바로 다음날 다른 책을 꺼내들 것이 아니라 읽은 책에 대해 묵상해야 한다.

'인생 책'은 독서의 권수에 얽매이지 않는다. 그것은 독서에 사유를 더한 사람, 즉 독서를 일상화한 사람이 만나는 행운이다. 어느 날 느닷없이 고른 책 한 권으로 삶이 변화하기란 로또 당첨 확률보다 낮다.

많이도, 빠르게도 답이 아니다. '많다'는 '적다'보다 낫지만 독서는 그런 게 아니다. '빠르다'는 '느리다'보다 낫지만 독서는 그런 게 아니다. 대신 일상화와 내면화가 중요하다. 일상에서 꾸준히 책을 접하고 있는 사람이 책을 내면화시킬 확률이 높다. 내 삶과 딱 맞아떨어지는 인생 책과의 인연도 일상적 내면화에서 시작된다. 꼭 읽어야 할 책을 적당한 시기에 만나서 그에 합당한 방식으로 읽어갈 때, 즉 '나'라는 텃밭에 '독서'라는 씨가 뿌려질 때 그곳에서 내 인생의 열매가 맺힌다.

읽었으면 달라져야 진짜 독서

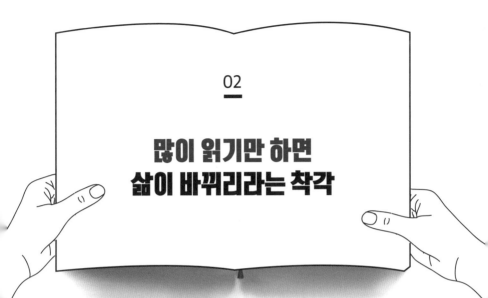

02

많이 읽기만 하면
삶이 바뀌리라는 착각

디지털 읽기의 특징은 'F자형 읽기'라고 한다. 덴마크 출신 전산학자 제이컵 닐슨 박사는 인터넷 사용자 232명의 시선을 추적하는 실험을 벌였다. 인쇄된 종이가 아닌 디지털 매체를 읽을 때 사람들의 시선이 어떻게 움직이는지 시선을 따라가 보니 그들은 평균적으로 10초 안에 페이지를 다 훑었고, 눈동자는 알파벳 'F'자 모양으로 움직였다. 첫 단락의 몇 문장만 끝까지 읽고 중간은 뛰어넘고 중반부 한두 문장을 읽은 후, 나머지는 넘어갔다.

혹시 이들은 평소 책과 거리가 먼 사람들일까? 닐슨 박사는 인쇄된 책을 읽을 때는 한 줄씩 꼼꼼히 읽는 사람들을 따로 실험했는데 결과는 유사했다. 디지털 기기로 책을 읽을 때 이들은 왼쪽 페이지에만 시선이 머물렀다고, 닐슨 박사는 주장했다.

희한하게도 디지털 매체로 넘어가면 눈동자는 축지법을 쓰는 모양이다. 실제로 연구결과에 따르면 디지털 매체로 100단어를 스캔할 때 소요되는 시간은 불과 4.4초였다.

"아무리 뛰어난 사람도 4.4초 만에 읽을 수 있는 단어 수는 18개 정도에 불과하다. 웹 이용자들은 실상 거의 글을 읽지 않는다."

윌슨 박사의 부연설명이다.

필요한 단어나 정보를 탐색하는 빠르게 읽기를 부정하고 싶지는 않다. 독서를 수단으로 활용하는 걸 뭐라고 하고 싶지도 않다. 그러나 착각이 있으면 곤란하다. 혹자는 수용하는 정보의 양이 많아지면 저절로 질적 변화가 담보되리라고 근거 없이 추론하기도 한다. 아마도 이런 추론 끝에 속도 중심, 권수 중심의 독서법이 나온 것 같다. 그런데 짧은 시간 많은 정보를 얻는 것은 정보의 양적 증대에는 도움이 될지 모르지만(실상 그것도 의구심이 든다.) 삶의 변화를 불러오는 독서는 아니다. 제대로 된 독서는 정보의 문제가 아니다. 도리어 정체성이나 세계관처럼 나의 시선에 뭔가 변화를 이끌어낸다.

뉴욕타임스는 취임을 앞둔 버락 오바마 미국 대통령의 독서열에 대해 이렇게 논평한 적이 있다.

"(그의 독서열은) 사람들을 설득하고 영감을 주는 오바마의 웅변술이 만들어지는 데 많이 기여했다. 그러나 언어의 마술에 관한 그의 이해와 독서열은, 대중과 소통할 수 있는 드문 능력뿐 아니라 오바마 자신의 정체성과 세계관을 만드는 데도 기여했다."

인간의 문제 중에는 시대가 지나도 변함없는 것들이 있다. 사랑, 죽음, 갈등, 부모, 자녀, 친구, 우정, 일, 세계, 부조리, 노후, 젊음, 시간, 묘비명, 노동, 자본 등에 관한 일은 지금도 우리 삶의 화두다. 18세기건 21세기건 인간은 여전히 자기 앞에 주어진 삶의 숙제를 풀어가야 할 운명에 놓여 있다. 독서는 이런 키워드들에 대해 내가 어떤 자세를 취해야 하는지, 어떤 시선으로 바라보아야 하는지 주의를 기울이도록 만든다. 이 단어들이 가진 파장이 어디까지 미치는지 멀리 여행을 떠나도록 만들고, 이 단어들을 다양한 분야와 경험에서 바라보도록 도와주며 의미망을 확대시켜준다.

나는, 책을 읽기 전에 바라본 '사랑'과 책을 읽은 후에 바라본 '사랑'이 다르다고 믿는 사람 중 한 명이다. 만일 내가 책을 통해 뭔가를 알게 되었다면 새롭게 알게 된 그것으로 '사랑'을 바라보게 될 것이고, 그만큼 '사랑'은 더 넓거나 깊게 해석된다. 나는 이제 사랑을 '생식'이라는 생물학적 관점에서 이야기하기도 하고, 동시에 '헌신'이라는 인간적 가치로도 말한다. 책을 읽은 자에게 '사랑'은 첫사랑이나 육체적 사랑, 호르몬 따위에 국한되지 않으며 생물적 국경을 건너 윤리나 도덕, 희생의 차원으로 확대된다. 만일 내가 이런 단어들과 사랑을 연결시키지 못했다면 나에게 사랑은 여전히 '첫사랑'이나 '육체적 사랑'과 같이 따로 배우지 않아도 습득하는 1차원적인 의미만으로 받아들여

졌을 것이다.

내가 어떤 단어를 알고 이를 사랑과 연결시킬 수 있다는 말은, 달리 말하면 나는 책에 담긴 저자의 낯선 언어를 통하여 인식을 넓혀왔다는 얘기가 된다. 반면 넓힐 기회를 놓친 사람들은 그만큼 언어에 한계가 있다는 뜻일 테고, 그래서 상대를 때리면서도 '나는 너를 사랑한다'는 어불성설의 행동을 하게 된다. 그는 고귀한 사랑의 언어에 대해서는 하나도 들은 바가 없다. 세상은 그가 아는 짧은 언어 속에서만 존재한다.

나의 언어의 한계는 나의 세계의 한계를 의미한다.

언어의 빈곤에서 빠져나오기

만일 내 세계가 얼마나 넓은지 혹 좁은지 알고 싶다면 내가 사용하고 인지하는 언어를 확인하면 된다. 당신은 언어의 국경을 초월하는 다른 세계를 경험할 수 없다는 게 비트겐슈타인의 얘기다.

당장 감성 풍부한 에세이 한 권을 사서 읽어보라. 그리고 작가의 어휘를 살펴보라. 그는 섬세한 언어를 통해 미시적 차원의 세계로 당신을 이끌어갈 수도 있다. 혹은 거인들의 말이 담긴 묵중한 중수필 한 권을 사서 읽어보라. 작가가 사용하는 어휘는 당신을 산등성이를 넘

22 읽었으면 달라져야 진짜 독서

어 저 높은 거시적 세계로 인도할 것이다.

언어의 빈곤은 곧 세계의 빈곤이다. 내 정신을 옭아매는 쇠사슬은 분명 열쇠가 있는데 우리는 그 열쇠 따위 팽개치고 더 넓은 세계의 경험을 포기한다. 대신 생계언어만으로 살아간다. 생계언어 속에서 이 세상은 칙칙한 흑백이다. 관습적으로 내려온 문화와 그 상징인 언어들이 우리의 의식을 지배한다. 이 세계에 매몰되어 있는 자들에게 낯선 언어는 마치 바이러스와 같다. 이런 나에게 필요한 건 면역력이다. 낯선 침입자를 쫓아내기 위해 기존의 생계언어를 더 강화한다. 더 이상 새로운 어휘를 익히지 않겠다는 폐쇄적 태도를 취한다. 그 세계를 유지하는 데 필요한 정보만 열심히 줍는다.

다시 질문을 던진다.

1천 권의 책을 읽은들 삶이 변하지 않았다면?

주체적인 삶이 아니라 타자의 삶을 살고 있다면?

과거의 방식을 공고히 하는 것은 독서가 아니다. 멘토가 필요한 이유는, 나를 증명해 달라는 데 목적이 있는 게 아니다. 나는 깨뜨려야할 알이다. 알 속의 세계가 전부라고 믿는 나에게 누군가 껍질 밖에서 똑똑 두드려주며 더 넓은 세계가 있음을 알려주는 자가 필요하다. 그게 책이다.

세상에는 수많은 멘토가 있다. 하지만 시공간을 뛰어넘어 자유롭게 만날 수 있는 멘토는 많지 않다. 우리는 책을 통해 어느 시대 멘토든 내 앞에 불러낼 수 있다. 저자를 비싼 비용 들이지 않고도 마주할 수 있다. 시공간 초월하여 만남이 이루어진다. 저자가 자신의 분야에서 앞서 간 선배라면 금상첨화다.

주체라는 말은 인생을 통제하며 자유롭게 사는 사람을 일컫는다. 우리가 궁극적으로 원하는 삶의 모습에는 이 단어가 빠질 수 없다. 열심히 일하는 이유가 무엇인가? 자유롭기 위해서가 아닌가? 자유를 쟁취하기 위해서는 그만한 대가를 치러야 한다. 그러나 속담이 알려주듯 인내는 쓰나 열매는 달다.

03

의도적
천천히 읽기

제임스 사이어는 〈어떻게 천천히 읽을 것인가〉에서 '세계관 탐색적 독
서법'을 주창한다. 빨리, 많이 읽는 것이 중요하다고 믿고 사는 이 의
구심 넘치는 시대에 느낌표를 주는 메시지이다. 제임스 사이어는 묵
상하고 의미를 되새기는 데서 독서의 본질을 찾는다. 제목에 쓰인 '천
천히'는 '의도적인 천천히'다. 고지 점령이 목표가 아니라 등산 경험 자
체를 중시하는 책읽기다. 책의 의미를 더 깊고 넓게 파악하기 위해 그
는 독자의 맥락, 문학적 맥락, 전기적 맥락, 역사적 맥락, 사상적 맥락
등 다섯 가지 등산로를 따라 책을 읽을 것을 주문한다.

이 방법은 탐색적 독서에 도움이 된다. 빨리 읽으려는 욕심을 내려놓고 지성을 십분 발휘하여 문해하기를 요청한다. 속독이란 나열된 사실들을 주워 담는 것에 불과할 뿐 아니라 진짜 독서의 기회를 앗아 간다고, 그는 단언한다.

독서는 내적이고 은밀한 작업이다. 마치 시스티나 성당 천장에 그려진 미켈란젤로의 그림처럼 텍스트의 의미와 나의 정신이 손가락을 맞대는 순간 뇌 속에서 일으키는 스파크가 독서다. 나무 독서대를 구입하고, 김이 오르는 아메리카노를 마시고, 무드등을 켠 근사한 공간에 앉고, 독서모임에서 발표하기 위해 준비하는 피피티는 독서가 아니다. 외적인 활동, 겉으로 보이는 이미지가 아니라 자신의 내면에 초점을 맞추는 집중의 시간이 독서다. 저자와 내가 묻고 답하며 은밀하게 더 안으로 들어가는 즐거움이자 아무에게도 빼앗기고 싶지 않은 황홀한 순간이기도 하다. 화가와 관객이 색감으로 교류하고, 작곡자와 청중이 선율로 교류하듯 저자와 독자는 글을 통해 지적 교류를 즐긴다. 이것은 활자 중독인 삶을 선물한다.

30년 독서가로 살아온 이력으로 감히 말하건대, 다독과 속독의 압박에서 벗어나 텍스트를 음미하는 독서를 권한다. 마치 더 많은 음식을 먹기 위해 일부러 구토하며 뱃속을 비웠던 고대 로마인들처럼 다독과 속독은 당신의 뇌를 소화불량에 걸리게 만든다. 대신 맛있는 사탕을 천천히 빨아서 먹듯이 음식의 질감과 맛을 섬세하게 느낄 수 있는 '의미재구성 독서법'을 권한다.

읽었으면 달라져야 진짜 독서

의미재구성을 통한 내면의 변화

의미재구성 독서법은 테크닉 독서가 아니다. 텍스트의 의미를 삶에 연결시켜서 내 삶을 더 풍요롭게 만드는 방법이다. 뱃속에 밀어 넣는 데 초점을 맞춘 것이 아니라 소화시키는 데 초점을 둔 방식이다. 삼킨 음식에 소화효소를 분비하여 내 몸이 섭취하기 쉬운 형태로 바꾸는 과정이다. 섭취한 그 영양가가 내 몸이 되는 과정이다. 텍스트에서 파악한 의미에 내 생각을 더하면 그게 의미재구성이다. 의미재구성을 통한 내면의 변화, 그게 내가 생각하는 독서의 본질이다.

읽기에서 시작되는 독서는 홀로 생각하는 시간, 즉 묵상으로 이어져야 한다. 겉으로 드러난 꽃이 아니라 안으로 숨겨진 뿌리를 씹는 과정이 묵상이다. 뿌리는 씹다 보면 단맛이 난다. 이 단맛이 묵상을 통해 발견한 의미다. 의미를 내 삶에 옮겨올 때 독서가 완성된다. 텍스트는 의미재구성을 통해 내 것으로 체화되어야 한다.

이럴 때 독서는 속도를 떠나 깊은 사유와 연관된다. 의도적일 만큼 천천히 읽어야 하는 이유다. 그 '천천히'가 영감의 화학 작용을 일으킨다. 저자의 아이디어와 나의 머리가 부싯돌처럼 부딪치며 전광을 만들어낸다. 번쩍 시야가 밝혀진다. 인식의 지평이 넓혀진다.

우리는 적극적인 사유가 필요 없는 시대에 살고 있다. 굳이, 애써, 피곤하게 생각하고 싶지 않다. 폭발적인 정보량 덕분에 사유는 굳이 필요 없다. 우리는 소극적 소비자, 고작해야 감정적 반응자가 된다. 점점 생각하기를 싫어하는 인간 유형이 되어간다. 복잡한 것을 극도로 피하는 인간이 되어간다.

이 관성적인 일상에 의도적인 개입이 요구된다. 사유가 적당한 도구가 된다. 사유라는 작은 스파크가 텍스트라는 연료와 나의 세계라는 나무 사이에 불을 일으킨다. 나는 불에 타들어가며 새로운 물성을 얻게 된다. 나는 책을 통해 새로운 존재가 되고, 책은 나를 통해 현실화된다.

이 과정을 나는 '의미재구성 독서법'이라고 부른다. 철저히 독자 수용적 명칭이다. 책이라는 다른 세계와의 접속을 통하여 우리의 의식에는 미세한 균열이 가고 그 틈에서부터 변형이 시작된다. 바위처럼 단단하고 오래된 세계를 정으로 내리치는 읽기가 의미재구성 독서법이다.

의미재구성 독서법은

텍스트와 내 세계의 접속이다.

04
—

서평은
쓰지 않는다

서평은 굳이 쓰지 않아도 된다. 애써 바인더 작업을 하거나 독서 후기를 쓰는 이유는 무엇일까. 그것이 독서의 본질보다 앞설까. 독서 행위에 있어서 핵심과 언저리의 구분이 필요하다. 우리는 쓰기의 유익함에 대해서는 익히 알고 있다. 그런데 유익함이 사라진 자리에 하기 싫은 감정과 함께 숙제가 남았다. 사유가 채 무르익기 전에 펜을 들던 습관은 우리를 쓰기로부터 멀어지도록 만든다. 독서와 마찬가지로 쓰기 역시 설 자리가 없다.

지금까지의 독서 후 쓰기는 삶에 어떤 변화를 일으켰을까?

　학창시절 우리에게 주어지는 감상글 숙제는 어떤가. 무리였다. 독서도 버거운 학생들에게 감상글은 언감생심이다. 초등 6년 중고등 6년을 보내며 우리는 독서에 진절머리를 치게 된다. 책과 과제는 등가가 되고 우리 뇌는 파블로프의 개처럼 독서감상문이라는 말만 들어도 스트레스를 분비한다. 감상문 쓰기와 관련해서 즐거웠던 순간은 기억의 보따리에 없다. 차라리 사고를 자극하는 참신한 주제의 글쓰기를 요구했다면 나았을지도 모를 일이다.

　'내가 주인공이라면? 뒷이야기 상상하여 쓰기, 주인공의 갈등과 문제해결법 찾아보기, 주제 알아보기, 주인공에 대한 의미재구성, 인물구도 파악하기, 사건의 내용 알기 등등'

　쓰기 이전 사유를 자극하는 흥미로운 방법들은 널렸다. 그럼에도 사유를 유도하지 않고 결과물만 요구하는 방식은 우리를 지루함과 지겨움에 빠뜨린다. 가정에서도 똑같은 일이 반복된다. 이제 독서와 쓰기는 재미없는 의무다. 평생을 두고 하면 정말 좋은 습관이 되었을 독서와 쓰기가 단맛보다 먼저 쓴맛으로 기억된다. 억지로 하는 독서와 쓰기는 의미를 재구성할 만한 시간적 여유도 허락지 않는다. 그저 인용하면 그만이고, 약간의 각색만 하면 끝이다.

　대부분의 독서 후 작업은 쓰기라는 결과물에 매몰되었다. 강의용, 논문용, 보고서용, 저서용, 연설용, 연구용, 스터디용, 필사용, 블로그게재용 등 결과 위주 독서로서의 의무감이 강했다. 텍스트가 내게로 와서 젖어들 시간이 없었다. 이런 독서에 참맛을 느낄 수 있었을까.

생각이 무르익지 않는 상태에서의 쓰기는 하지 말아야 한다. 애써 문장을 쥐어짜면 이미 문체에서 티가 난다. 저자의 사유가 술술 풀리지 않은 상태에서의 쓰기라면 읽는 사람 역시 팍팍하다. 저자의 생각이 수도꼭지 틀어놓은 것처럼 줄줄 흘러나와야 읽는 사람도 잘 받아 마신다.

수단인 독서와 독서 자체가 목적인 독서는 구분되어야 한다.

독서의 순수한 즐거움을 회복하라

일본은 독서인구가 세계 2위인 나라다. 100년 전통을 이어가고 있는 간다의 고서점가와 도쿄 대형 서점에 가면 메이지유신 이후 진귀본 (珍貴本)들을 만날 수 있다. 일본인 대부분은 문인에 대한 존경심이 깊어 유명 작가들의 생가는 복원되고 그들이 생전에 쓰던 육필 원고나 펜, 안경 등 사소한 물건까지 정성껏 보관한다. 하지만 그들이 처음부터 독서를 잘했던 민족은 아니었다.

그들이 '아침독서' 운동을 전국적으로 전개한 이유는 학생들이 책을 멀리했기 때문이다. 태평양 전쟁 후 일본 학생들은 독서를 기피했고 1990년대 후반에는 독서 이탈 현상이 최고점에 달했다. 당시 일본은 TV 화면에 몰입했고 고성능 비디오 게임이 붐을 이뤄 어른, 아이가 함께 게임에 빠져들었다. 학교에서는 학급 붕괴, 집단따돌림(이지메), 흉악 범죄 등의 문제가 수면 위로 떠올랐다. 대책이 강구되었고, 그 일환의 하나로 '아침 독서'가 시작되었다.

1998년에 처음 실시된 아침 독서는 간단한 원칙 아래 진행되었다. 1) 모두 참여한다, 2) 매일 한다, 3) 각자 좋아하는 책을 읽는다! 매일 아침 수업 시작 전 10분 동안, 학생과 선생님은 자신이 읽고 싶은 책을 읽었다. 경쟁과 평가를 없애버린 순수한 독서 교육이었다. 독서감상문이나 책 목록을 기록할 필요가 없었다. 단지 순수한 즐거움만을 위한 아침 독서였다. 결과는 좋았다. 평가 없이 진행했던 독서가 결국 흥미를 이끌어냈다.

책과 친해지는 방법을 오랫동안 고민했으나 '흥미로운 독서'보다 좋은 건 없었다. 독서는 그 어떤 것에도 구애받지 말아야 한다. 초급 독서가라면 독서 모임에서의 쓰기마저도 중단할 것을 요청한다. 쓰기는 나중에 해도 충분하다. 중급 이상이 된다면 쓰기가 부담스럽지 않을 수도 있다. 하지만 그 이전 단계에서는 사유에 집중해야 한다.

증명에 익숙한 우리들은 쉴 새 없이 인증샷을 찍는다. 내면화보다 보여주기에 정신이 팔린다. 보여주기는 잊자. 쓰기를 머리에서 지우자. 책의 빈 곳에 긁적이는 메모 정도면 충분하다. 면지를 활용하는 것도 하나의 방법이다. 성과를 만들어야 한다는 강박관념 때문에 과정의 즐거움을 빼앗기지 말자. 책읽기에서의 지적 쾌락을 양보하지 말자. 독서는 과정의 즐거움 없이는 절대 일상에 자리매김될 수 없다. 눈높이에 맞는 책으로 흥미를 붙이는 것이 먼저다.

독서는 쓰기로부터 자유로워져야 한다.

05

사유에 이르는 것이
독서 목표

온갖 독서법이 마치 패션처럼 난무한다. 자기만의 스타일이 없는 사람일수록 유행 앞에서 무기력하다. 유행의 강풍이 불면 풀들은 허리를 꺾으며 쓰러진다. 완판된 물품을 찾거나 혹은 잡지나 거리에 나부끼는 옷가지를 기웃거린다. 매체에 등장하는 연예인 스타일이나 젊은 이들이 넘치는 거리에서 만나는 트렌드에 따라 이것저것 모방한다. 판단의 기준은 정해져 있다. 요즘 유행인가, 아닌가? 트렌드를 쫓아가면 세련된 사람이고 아니면 그냥 사람이다.

유행 따라 옷을 입는 것과 자기 스타일을 추구하는 건 별개다. 어느 분야든 중급 이상이 되려면 최소한의 물리적 시간이 투입되어야 한

읽었으면 달라져야 진짜 독서

다. 다양한 실험을 거치며 내 개성 표출에 적합한 것을 발견해나갈 때 자기만의 스타일이 생긴다. 투자한 시간만큼, 스스로 고민한 시간만큼 개성은 더욱 세련되게 다듬어진다. 고수의 단계에 접어들었다는 징후다. 시간과 열정, 그리고 비용을 지불했을 때 하나의 개성이 탄생한다.

어느 분야나 똑같다. 초보는 흥미단계에서 시작한다. 중급에 이르면 여러 실험을 거친다. 시간과 돈을 더 쏟고 열정을 불태운다. 고급단계가 되면 자신만의 비법이 생긴다. 소비자를 지나 생산자의 지위로 나아갈 수도 있다. 마음껏 응용하는 단계로, 내 몸에 꼭 맞는 맞춤을 만들어낸다. 점점 능숙해진다. 어느 분야든 고수의 단계에 이르면 주머니 속 송곳, 낭중지추(囊中之錐)가 된다.

독서도 다를 게 없다. 고수가 되면 책을 추천할 정도에 이른다. 만나는 사람의 특성을 파악하여 동물적인 감각으로 책을 골라준다. 누구에게, 어떤 책을 권할지 직감적으로 알게 된다.

고수는 유행에 속지 않는다. 독서의 참맛을 알게 되는 중급 독서가부터 독서법 자체가 의미 없다. 자신만의 독서법을 보유하고 있기 때문이다. 특히 고급 독서가라면 개성적 독서법 하나씩은 갖고 있다. 고수들에게 물어보면 책 읽는 스타일은 백인백색, 천인천색이다.

중국 사상계의 거목인 주자는 통독을 강조했다. 전체를 빠짐없이 읽어야 제대로 된 공부가 되며, 여기에 생각을 더해 깊이 파고들어야 깨달음에 이른다고 강조했다. 기력이 쇠하고 병에 시달렸지만 주자는 죽을 때까지 책읽기와 저술을 손에서 놓지 않았다.

"무릇 독서란 (……) 글자 하나하나를 천천히 꼼꼼히 들여다보며 분명하게 읽어야 한다. 한 자도 틀리지 않게, 한 자도 빠뜨리지 않고, 한 자도 바꾸지 말고 소리 내어 읽고 억지로 외우려 해서는 안 된다. 여러 번 통독하면 자연스럽게 입에 붙어 오래도록 잊지 않게 된다. 옛사람들이 '천 번 독서하면 그 뜻이 절로 드러난다'고 한 것은 숙독하면 해설을 기다릴 것도 없이 그 뜻이 스스로 밝게 드러난다는 말이다. 만약 숙독한 데다 깊고 치밀하게 생각한다면 마음과 이치가 자연스럽게 하나가 되어 영원히 잊지 않게 된다.

무릇 독서란 책상을 깨끗하게 치우고 시작해야 한다. 서책을 가지런히 정돈하고 몸을 바르게 하여 책을 대한다. (……) 나는 일찍이 독서에 '삼도(三到)'란 것이 있다고 말한 적이 있다. 이른바 마음이 가는 심도(心到)와 눈이 가는 안도(眼到)와 입이 가는 구도(口到)가 그것이다. (……) 이 삼도 중에서도 심도가 가장 중요하다. 마음이 갔는데 눈과 입이 어찌 가지 않겠는가?"

책이 귀했던 시대상과 다의어인 한자의 특성을 감안한 독서법이라서 오늘날에 적용하기는 적합하지 않지만 숙독만큼은 기억할 필요가 있다. 숙독이란 눈으로 읽고 입으로 되뇌다 종국에는 마음으로 그 뜻을 헤아리는 것으로, 한 문장도 이해되지 않으면 넘어가지 말라는 뜻을 담고 있다. 그렇게 모든 문장을 이해하게 되면 이제 비로소 깊고 치밀한 생각의 바다로 들어갈 기회가 주어진다.

곡식이 여물 듯, 사유를 숙성시키는 책읽기

비록 시대와 문자는 다르지만 숙독은 빨리 읽기나 양적 읽기가 답이 아니라는 점을 암시한다. '무르익은 읽기(숙독)'는 그 호흡이 뜻을 이해하는 속도에 맞춰져 있으므로 글자를 읽는 독서 테크닉과는 거리가 멀다. 하물며 깊은 사유가 어떻게 속도나 양적인 독서와 맞물리겠는가. 곰곰이 씹어 읽는 독서가 될 때 사유의 기회도 주어진다.

사유란 진짜 독서로 나아가는 관문이다. 독서의 효과를 일상의 변화에서 찾을 수 있다면 변화의 시발점이 사유라는 말이다. 읽었으되 변화가 없다면? 읽은 노력은 가상하나 그건 독서가 아니다. 단단한 바위를 깨려면 정으로 힘껏 내리쳐야 하듯, 매일 반복되는 일상을 다르게 보려면 '사유'라는 도끼가 필요하다.

독서 초보자가 목표로 삼아야 할 건 분명하다. 양도 쫓지 말 것이며, 속도도 따라갈 게 못 된다. 오직 '사유'가 해답이다. '내가 의심하고 있다는 사실만큼은 분명하다!'고 말하며 근대철학의 문을 연 데카르트의 말처럼 의심에서 사유가 시작된다. 뜨거운 여름과 추수의 계절을 지나 겨울에 이르면 모든 것이 동면의 시간처럼 얼어붙는다. 깊고 깊은 잠의 시간이 이어진다. 그러다 따스한 햇볕이 내리쬐면서 시냇물이 졸졸 흐른다. 얼고 녹기를 반복하다 보면 바닥이 밑으로부터 금이 가기 시작한다. 마찬가지로 뜨거운 여름 같은 독서와 동면처럼 차가운 사유의 시간을 거치다 보면 콘크리트처럼 단단한 일상에 균열이 발생한다. 오늘 바라본 세상이 어제 보던 그 세상이 아니라면 그게 변화가 이루어진 증거다. 이제 당신은 일상을 깊이와 넓이로 바라본다. 직관이 생긴다.

책읽기가 일상이 된 자는 이제 책과 대화를 나눈다. 책이 던지는 질문과 답변을 밟아가다 반대로 내가 책에 질문을 던진다. 그리고 스스로 답한다. 책 속에 숨어 있던 의미가 내 삶에서 새롭게 재배치된다. 책을 읽기 선의 나와 책을 뒤의 나는, 하다못해 털 한 올이라도 달라졌다. 독서가 내 일상의 한 부분이 된다. 나는 이제 동시대 어딘가 있는 이 글의 저자나 혹은 수백 년 전 지구를 살다간 어느 저자와 대화를 주고받으며 오늘을 살아간다. 숨죽이고 있던 씨앗이 내 사유의 물을 만나 싹을 틔운다.

06

되는 책읽기로 갈아타라

〈나는 4시간만 일한다〉에서 팀 페리스는 일주일에 4시간만 일하는 방식을 선보이며 새로운 워크앤라이프를 개척하라고 설파한다. 그의 핵심적 메시지는, 의미 없는 일을 줄임으로써 개인에게 훨씬 중요한 일에 집중하라는 것.

업무 시간을 획기적으로 줄일 수 있는 이유는, 일을 바라보는 그의 색다른 시선 때문이다. 예컨대 시간을 줄이는 게 불편한 이유는 일을 평가하는 방식이 시간 중심이기 때문이다. 사람들은 대부분 자신의 활동을 그 결과에 따라 평가하지 않는다. 대개는 얼마나 많은 시간을 투입했는지에 따라 자기 활동에 가치를 부여한다. 더 많은 시간을 그

일에 투입했다면 그건 중요한 일이라고 믿는다.

저자는 시간과 가치의 신화를 깨뜨리기 위해 효과와 효율을 대비시킨다. 효과라는 것은 목표에 가까워지도록 일하는 것인 반면 효율은 그 일이 중요하건 그렇지 않건 가장 경제적인 방식으로 주어진 임무를 수행하는 것을 말한다. 대부분의 사람들은 목표보다는 경제성만 따지는 경향이 크다. 예를 들어 방문판매 사원이 있다고 해보자. 그는 주어진 시간 안에 최대한 많은 집을 돌면서 물건을 소개하는 것을 오늘의 목표로 삼는다. 결과는? 그건 많이 뛸수록 함께 따라오는 것이라고 믿는다. 10곳 돌 것을 100곳을 돈다면 그만큼 결과도 좋지 않겠느냐고 스스로에게 최면을 건다. 이런 믿음 때문에 그는 정해진 시간 안에 더 많은 집을 돌아다니는 방법만을 찾게 된다. 실제로 그가 해야할 고민은 더 많은 계약 건수를 올리는 것인데 말이다.

그의 말마따나 중요하지 않은 일을 잘한다고 해서 그 일이 중요해지는 것은 아닐 뿐 아니라 많은 시간이 들어가는 일이라고 해서 그 일이 중요한 것도 아니다. 이보다는 무엇을 하느냐가 어떻게 하느냐보다 훨씬 더 중요하다. 효율성은 자체로 미덕이지만 그렇다고 그 대상까지 칭송받는 건 아니다.

팀 페리스의 이야기를 우리 인생에 적용해 보자.

Q. 나는 내 삶에 중요한 영향을 끼치는 일을 하고 있는가?
Q. 효율적인 일을 효과적인 일이라고 착각하지는 않는가?

읽었으면 달라져야 진짜 독서

Q. 만일 착각인 줄 알았다면 바꿀 수 있는가?

이와 같이 읽은 책의 메시지를 자신의 삶에 대입하는 것을 나는 〈자문자답 Q&A 의미재구성법〉이라고 부른다. 템 페리스가 효율에 대해서 문제를 제기하듯이 우리는 그의 메시지를 우리 삶에 적용시켜볼 수 있다. 효율의 신화에 빠져 사는 사람들의 이야기를 통해 우리 삶을 살펴보는 과정이다. 만일 우리가 효율의 문제점을 받아들였다면 이제부터는 어떤 일이 효과적인 일인지 결정해야 한다. 독서도 다를 게 없다. 효율을 중시하는 독서법은 그 목적에 대한 적절한 탐색도 없이 무작정 우리를 이끌고 거리로 나온다. 어디로 가야 하는지도 모르고 무작정 페달만 더 빨리, 더 많이 돌리면 과연 우리는 우리가 바라던 곳에 도달할까?

우리는 속도나 양적 추구가 더 이상 면죄부가 될 수 없는 시대에 살고 있다. 빠르게 읽기와 많이 읽기도 마찬가지다. 만일 인생의 변화에 관심이 있다면 효율을 내려놓고, 효과로 갈아타야 한다. 그렇게 갈아타기 위해 필요한 방법이 자문자답 Q&A 의미재구성법이다.

내가 책에 손을 내밀 때

병아리가 부화되는 데 걸리는 기간은 21일이다. 어미닭이 자나 깨나 알을 품고 있으면 18일쯤 후에 알 속에서 움직임이 포착된다. 병아리가 막을 쪼는 소리[啐]가 들리면 어미닭도 동시에 부리로 알을 깬다[啄]. 이를 줄탁동시(啐啄同時)라고 한다. 이 사자성어는 '동시'라는 단어 때문에 간혹 혼동을 준다. 그런데 정확히 말하면 이는 동시가 아니다. 무조건 알 속 병아리가 먼저 알을 깨야 한다. 병아리가 아무런 신호를 보내지 않으면 어미닭 역시 밖에서 도와주지 않기 때문이다. 만일 병아리가 신호도 보내지 않았는데 어미닭이 먼저 깨뜨리면? 그러면 우스갯소리처럼 '내가 까면 병아리, 남이 까면 프라이'가 된다.

의미재구성 독서법은 줄탁동시와 같은 것이다. 책이라는 세계와 조응하여 의식이 조금씩 깨어나기 위해서는 내가 먼저 손을 더듬으며 천장을 깨뜨리려고 신호를 보내야 한다. 그럴 때 책이 나에게 응답한다. 나는 어떤 책과 만날지 알 수 없다. 또 나는 얼마나 넓은 세계를 만날 수 있는지 알 수 없다. 어떤 메시지가 내 삶에 들어와 나비효과를 일으킬지도 미지수다. 이와 같이 내가 손을 내밀어 잠재된 가능성을 불러올 때 삶에 파문이 일어난다. 종교인이 경전의 한 문장과 만나듯 늘 책과 가까이에 있는 사람에게 문득 하나의 메시지가 찾아와 의식에 날개를 달아준다. 가까이 두고 오래 읽다 보면 텍스트는 어느 사이 삶의 일부가 된다. 책 전체에서 영감을 받을 필요는 없다. 한 권의 책 가운데 단 한 문장만이라도 내 삶에 들어올 수 있다면 그 책은 사명을 다한 것이고, 당신은 자문자답 Q&A 의미재구성 독서법을 실천하고 있는 셈이다.

읽었으면 달라져야 진짜 독서

2장

진짜 독서에 한 걸음 다가서기

– 줄긋고 메모하고 체화하는 의미 재구성 독서법

01

어떻게 살고 싶은가?

- 독서 목표를 제대로 설정하기 위한 질문

"자기계발서를 그렇게 많이 읽었건만 삶이 달라지지 않았습니다."

다중지능에 관한 강의 도중 받은 질문이다. 질문자의 독서 목표는 '삶의 변화'였고 '많이 읽기'는 목표 달성을 위한 방법이었다. 그런데 왜 많이 읽었는데 삶은 그대로일까? '나'가 빠져 있다는 게 나의 진단이다. 변화를 위한 독서 공식은 다음과 같다.

나 + 독서 = 변화

그런데 질문자의 도식은 이렇다.

읽었으면 달라져야 진짜 독서

많이 + 독서 = 변화

많이 읽건 적게 읽건 그건 별로 중요치 않다. 대신 '나'를 빠뜨리면 안 된다. 자아와 마주치지 않는 한 독서는 변화를 일으키지 못한다. 나와 책이 만나서 빅뱅을 일으키지 못하면 그저 남의 삶을 훔쳐본 것에 불과하다. 옆집에 뭐가 있는지 기웃거린다고 우리 집이 달라지지 않는다. 단지 부러울 뿐이거나 대리만족에 그친다. 우리 집을 바꾸려면 훔쳐보기에서 그치지 말고 우리 집 사정을 돌이켜 보는 시간을 가져야 한다.

이처럼 자기 집 사정을 돌이켜 볼 수 있는 능력을 '내면지능'이라고 부른다. 내면지능에는 자기이해지능, 자아성찰지능, 성공지능 등이 포함된다.

내면지능은 나의 좌표를 확인하는 데서 출발하여 현재 상황에서 내가 무엇을 할 것인지 결정하고 이끌어갈 수 있는 능력이다. 계획을 세워 끝까지 실천하게 만드는 힘도, 그 과정에서 장애를 만나더라도 끝까지 이뤄내는 힘도 모두 내면지능에 관련된다. 이 지능지수가 높은 사람은 멘탈 갑이라고 부를 만큼 정신력도 강인하다. 환경적 제약이 가로막더라도 기어이 사다리를 만들어 목표를 달성한다. 한 줄기 빛이라도 발견하면 어떻게든 현실의 벽을 뚫고 나가 삶에 차이를 만든다.

무엇보다 내면지능이 높은 사람은 우선순위에 예민하다. 그들은 같은 24시간을 쓰고 살지만 시간의 질은 천차만별이다. 어디로 향해 달려야 하는지 알기 때문에 노력 대비 만족도가 높다. 열심히 사는 것보다 중요한 일을 찾는 데 더 많은 시간을 쓴다.

아무리 노력해도 삶이 달라지지 않는다면 좌표와 목표 찾기에 소홀했다는 증거다. '나' 없이 하는 독서는 아무리 '많이' 해도 계속 같은 자리다. '열심히'는 '중요한 것의 발견' 이후에 필요하다.

이제, 당신에세 느리는 질문이다.

> Q. 지금 매달리고 있는 그 일 말고 다른 우선순위는 없는가?
>
> Q. 제대로 기회를 잡았는가? 그것이 정말 기회였는가?
>
> Q. 나의 좌표를 확인했는가?
>
> Q. 확인된 좌표로부터 목표를 설정했는가?

얼마나 나답게 살았는가?

이정일 저자는 〈오래된 비밀〉에서 중년 이후 행복한 삶을 사는 사람에게서 한 가지 공통된 키워드를 발견한다. '나답게'다. 노년 운이 좋은 사람들의 공통점은 젊은 시절, 자신의 감정과 생각에 충실하게 살아왔다. 남의 시선이나 평판에 신경 쓰기보다는 자신의 길을 선택하고 묵묵히 살아온 사람들이 나이가 들수록 행운을 맞이할 확률이 높다.

저자에 따르면 사람들은 인생에 크게 두 번, 보통 27~33세 그리고 46~52세 사이에 중대한 선택의 길목에 놓인다. '세상이 강요하는 행동'과 '나답게 살기 위한 행동' 사이에서 심각한 갈등을 겪는다. 선택의 시기와 내용은 사람에 따라 천차만별인데 선뜻 '나답게 살기 위한 행동'에 나서지 못하는 이유는 사회가 개인의 행복 추구에 인색한 탓이다.

이때 '나답게 살 수 있는 자유'를 택한 사람은 어떻게 될까? 저자는 잠시 어려움과 고통이 뒤따르겠지만 그건 '삶의 자유'를 얻는 대가일 뿐이라고 설명한다. 스스로를 사랑하는 삶을 살아온 사람에게 운명은 선물을 준다. 중년 이후에 더 많은 행운을 누릴 조건과 자격을 갖추게 만든다. 반면 세상의 평판, 남의 눈치와 시선, 경제적인 두려움 등을 이겨내지 못하고 '세상이 강요하는 행동'을 선택한다면 당장 일상은 무사하겠지만 중년 이후 삶은 불행으로 흘러갈 가능성이 많다.

삶이 내 것이 아닐 때 나이 듦과 함께 삶에 균열이 생긴다. 반면 나답게 살아온 사람들은 내면에서부터 발원한 빛이 겉으로 드러나기 시작한다. 아우라라고 해도 좋고 고수에게서 풍기는 매력이라고 해도 좋다. 차원 다른 분위기를 발산한다. 한 길을 걸어온 이들에게서 나오는 공통적인 빛깔이다.

다시, 당신에게 자문자답 Q&A의 시간을 요청한다.

Q. '나답게 살 수 있는 자유'를 선택했는가?

Q. 운명의 선물을 받을 자격이 있는가?

Q. 나이가 들수록 나의 빛깔과 분위기를 만들어가고 있다고 생각하는
가?

자아탐구가 잘되었다는 말은, 나의 강점과 약점에 대해서도 잘 파악하고 있다는 뜻이다. 강점과 약점을 안다는 말은, 물러나야 할 때와 나아가야 할 때를 안다는 의미다. 나아가 승부수를 던질 타이밍을 알고 있다는 뜻이다. 반면 자아탐구 없이 무조건 승부를 보겠다고 덤벼드는 이들도 적지 않다. 이기는 판을 만드는 것도 자아탐구에서 비롯된다. 강점으로 승부를 보려는 감각은 자아탐구에서 나온다. 남과 다르게, 남과 다른 길로, 남과 다른 시간의 질로, 남과 다른 방법으로 자신만의 길을 찾는 사람들이 인생을 소유할 수 있는 권리를 얻는다. 같아지려고 하지 않는 것, 나다운 길을 가는 것이야말로 자신을 잘 아는 사람들의 특징이다.

아무리 신체운동지능이 뛰어나다고 하더라도 적절한 스승을 만나지 못하면 강점을 펼칠 수 없다. 음악적 지능이 높다고 하더라도 신념 없이는 세계 최고에 이르지 못한다. 높은 언어지능만으로는 세계적인 작가가 될 수 없다. 좌표를 놓치지 않고 길을 걷도록 이끌어주는 정신력이 있어야 한다.

이러한 정신력을 개발시키고 고양시키는 도구가 '책'이다. 그런데

읽었으면 달라져야 진짜 독서

'나'에 대한 탐색 없이 어떻게 책만 읽는다고 삶이 달라지겠는가. 엄청난 분량의 글자를 읽은들 그 의미를 내 삶에서 재구성하지 않는 책읽기라면 그저 재미 삼아 보는 드라마와 같다. 그것은 변화를 위한 시도가 아니라 시간 때우기에 불과하다. 사상누각(砂上樓閣)이다.

02

급한 것보단 중요한 것

- 무엇을 읽을 것인가?

당장 자료 찾기에 급급한 실용독서는 긴급순위 독서에 해당된다. 교육 강사라면 북유럽 교육 관련 책이 긴급순위에 해당될 수 있다. 공교육, 사교육, 진로, 독서, 쓰기, 자존감, 조력자인 부모의 역할, 자유 시간, 감정코칭, 진로 등의 키워드가 당장 읽어야 할 독서 범주에 속한다. 우리는 각자의 업에 따라 긴급순위 독서가 따로 있다. 영업하는 사람이라면 마케팅, 콘셉트, 넛지, 온라인 상거래, 스토리, 팔지 말고 사게 하라, 영업 프로세스, 컨슈머, 빅데이터, 오감 마케팅, 스토리 등 키워드가 긴급순위 독서에 해당된다. 이렇듯 직업적 필요에 따라 책을 읽는 것은 시간적으로 급한 일에 속한다. 반면 중요순위 독서는 이와 좀 다르다.

긴급순위 독서가 실용적인 독서라고 한다면
중요순위 독서는 어떤 것일까?

주어진 찰흙으로 어떤 도자기를 만들지 고민하는 게 긴급순위 독서라면 중요순위 독서는 찰흙을 치대는 과정과 연관이 있다. 흙의 특성을 발견하고 흙의 기본 품질을 높이는 게 중요순위 독서다. 또한 재배하는 방법을 익히는 게 긴급순위 독서라면 중요순위 독서는 밭을 가는 과정과 연관이 있다. 똑같은 씨앗을 뿌리더라도 밭의 힘에 따라 성장속도에 차이를 만드는 게 중요순위 독서다.

중요순위 독서는 3가지로 정의할 수 있다.

첫째, 인식의 지평을 넓히는 독서를 말한다. 업무와 관련한 정보를 습득하는 과정이 실용독서에 해당된다면 중요순위 독서는 인식의 지평을 넓히는 독서에 해당한다. 급하지 않지만 꼭 해야 할 독서다. 고전이나 인문학 도서, 노벨상 수상자의 작품, 혹은 인생 2막 키워드나 경영에 관해 일련번호 매기며 꾸준히 읽어나가는 일이 여기에 해당한다. 내 인식의 한계를 뛰어넘어 보다 넓은 시야를 확보하는 과정이다. 우물 밖으로 뛰쳐나오는 일이자 등불의 심지를 돋우는 일이다.

둘째, 삶을 통찰할 수 있는 독서를 말한다. 우리의 삶은 완전하지 못하다. 달리고 있는 상태에서는 더 그러하다. 이때 잠깐 숨을 고르도록 도와주어 나의 무의식적 오류와 편협하고 왜곡된 생각을 알아차릴 수 있도록 만들어주는 것이 중요순위 독서에 해당된다. 잘못된 습관으로 삶의 조각을 모은 결과, 본래의 뜻과 어긋난 방향으로 흘러가는 삶을 제자리로 돌려주는 역할을 한다. 책읽기는 간접체험이라고 할 수 있다. 당장 산티아고 순례 길을 걷지 못한다고 하더라도 여행자의 이야기를 따라가면서 '속도와 경쟁'에 치우친 삶과 왜곡된 일상을 평평히게 두드려 펼 수 있다. 심리적 불안상태를 치유하고 위로하며, 비틀린 감각에 균형을 잡아주고, 나아가 지금의 나를 삶의 본질과 연결시켜주는 것이 통찰의 독서다.

셋째, 배우고 싶은 분야의 독서를 말한다. 미래 시간에 해당되는 책들이다. 당장 시간 내기도 어려운데 어떻게 장래를 생각하며 책을 읽을 수 있을까. 나의 인생 2막은 1막의 연장선일 수도 있고, 낯선 분야일 수도 있다. 그러나 흥미 있는 분야를 쫓다 보면 문득 한 세계가 열린다. 비록 1막은 생계를 위해 살았다고 할지라도 2막, 3막은 진정 자신이 원하는 삶으로 선회할 수도 있다. 이를 가능케 하는 독서가 시간적으로 급하지는 않지만 인생에서 중요한 독서가 된다.

이처럼 중요순위 독서는 사람 중심의 독서를 말한다. 인생을 넓게 살피게 해주고, 본질을 회복하도록 도와주고, 현재와 미래를 연결시켜준다.

쉼표를 찍어주는 책

그렇다면 어떤 책을 읽어야 할까? '많이'와 '빨리'의 세상에서 살아왔던 우리에게 가벼운 마음으로 접근할 수 있는 책이 있다. 삶에 쉼표를 찍어주는 여행 에세이다. 나에게는 여행을 다니면서 글을 쓰고 싶다는 로망이 있다. 여행 작가를 말하는 것이 아니라 자유롭게 여행 다니며 글 쓰는 삶의 방식에 관한 것이다.

어느 날 우연히 잡지에서 한 여행 작가의 글을 읽었다. 그 작가를 검색하였더니 〈천국은 아니지만 살 만한〉이라는 재기발랄한 제목의 저서가 눈에 띄었다. 책을 음미하는 동안 자연스럽게 내 가슴에 떠오른 생각이 있다. '만약 20대로 되돌아간다면 나도 그런 삶을 살고 싶다.'

저자는 워킹홀리데이 정보를 찾던 중에 북아일랜드에 위치한 장애인 공동체, 캠프힐을 알게 되었고 그곳에서 1년간 살아보기로 결정한다. 바쁜 서울 생활에서의 반복된 패턴을 내려놓고 의도적으로 느림을 선택한다. 특히 저자는 캠프힐에서의 잊지 못할 기억, 30분간의 티타임을 이렇게 회고한다.

"티타임이 되면 사람들은 하던 일을 멈추고 물을 끓였다. 오븐에 넣어둔 브라우니와 썰다 만 오이를 내버려둔 채 테이블 앞에 모여드는 것이다. 안쪽 가장자리가 검붉게 물든 투박한 머그잔에 홍차 티백을 우리고, 취향껏 우유를 부었다. 한쪽에선 달콤한 쿠키 상자가 손에서 손으로 전달됐다. 그렇게 하루에 두 번, 우리는 째깍째깍 움직이는 시곗바늘을 잠시 세워두었다. 30분간의 티타임을 즐기는 방식은 저마다 달랐다. 폴폴 김이 오르는 잔을 앞에 두고 피로를 털어내는 사람, 바깥의 벤치에 누워 식물처럼 볕을 쬐는 사람, 지난밤의 작은 사건 사고를 조간신문처럼 종알종알 전하는 사람. 찻물이 서서히 식는 동안 우리 모두 '작지만 확실한' 휴식을 누렸다."

잠깐씩이나마 이런 비상구 같은 책을 만난 적이 있는가. 가끔 읽으면 재충전하는 느낌을 얻을 수 있으며, 조금 더 쉼표를 길게 찍으면 재충전을 넘어 재탐색의 과정까지 들어갈 수 있다. 이는 14,000원으로 누릴 수 있는 최고의 힐링이자 자아탐색이다.

이 책이든 혹은 다른 여행 에세이든 일독해 보기를 권한다. 그리고 그 책들에 담겨 있는 언어에 가슴을 열고 나의 삶에 대입해 보는 과정을 거치면 좋을 것 같다. 그렇게 내 삶에 의미재구성을 하는 게 습관이 되면 이제 중요순위 독서로 넘어가도 좋겠다. 어떤 책을 읽든 다음과 같은 질문은 계속 자문자답해 보기를 권한다.

Q. 실제로도 매순간 속도를 의식하고 살아가는가?

Q. 1년쯤 아무 생각 없이 쉬고 싶다면 무엇을 하고 싶은가?

Q. 일상에 자유롭게 쉼표를 찍는다면 언제?

03

하나의 키워드를 중심으로 10권 이상 읽기
- 파편적 독서에서 맥락 독서로

독서 초보들은 대개 파편적인 독서를 한다. 파편적이라는 말은 다양한 실험을 하는 단계라고 해석할 수 있다. 우후죽순 여러 분야에 도전을 해보는 단계다. 한 권의 책을 읽다 보면 반드시 지적 호기심이 생길 만한 다른 책을 만난다. 저자가 인용하거나 언급한 책 가운데 읽어 보고 싶은 책을 발견하거나 저자에게 영향을 준 도서를 알게 된다. 모든 저자는 자신에게 영향을 준 도서를 직간접적으로 글 속에 구현하는 경향이 있기 때문이다. 저자의 생각에 동의한다면 영향을 준 도서를 구입해보고 싶다는 생각이 든다. 그 기쁨이 쏠쏠하다. 책한 권을 읽으면 반드시 다음에 읽어야 할 책을 얻게 된다. 책이 꼬리에 꼬리를 문다.

하나의 키워드에 이런 꼬리 물기가 10권 이상 이어지면 비로소 맥락이 생긴다. 즐거운 책 읽기가 된다. 그렇게 키워드를 따라가다 보면 저절로 체계가 형성된다. 깊이가 생기고 풍부함이 깃든다. 어떤 키워드를 중심으로 새로운 책을 더할 때마다 1부터 10까지 숫자를 붙여 보자. 그렇게 일련번호를 붙이기 시작할 때 체계성의 세계에 들어갔다고 할 수 있다.

꿰어짐, 일관성, 맥락, 한 분야에서 깊어지기……

빠른 시간에 초급 독서가의 꼬리표를 떼고 중급 독서가로 이동하는 데는 이런 비법이 숨어있다. 하지만 속성을 권하는 것은 아니다. 키워드로 꿰는 독서법은 하나의 방법론으로, 시리즈에 이런 매력이 숨어 있다는 것을 말할 뿐이다. 깊이라는 것은 체계성과 함께 온다. 꿰어지는 독서는 이런 번호 매기기에서 만들어진다. 하나의 주제를 1년씩 깊이 있게 파고 들어가는 것도 꿰어지는 독서법이라고 할 수 있다.

도서관에 가보면 키워드를 공유하는 책들끼리 같은 책장에 나란히 놓여 있는 것을 볼 수 있다. 이런 것들을 비교, 대조만 할 수 있어도 한 세계에 대한 다양한 관점을 얻을 수 있다. 저자들마다의 공통점과 차이점을 발견하게 된다. 그렇게 무의식중에 실력이 붙는다.

지식의 맥락 잡기

장석주 작가는 20대에 접어들면서부터 문턱이 닳도록 국립도서관과 시립도서관을 드나들며 굶주린 짐승이 먹잇감 삼키듯 책을 읽었다. 아침 이른 시간 책을 붙들고 읽다 보면 어느새 어스름이 내리는 저녁이 되곤 했다. 그런 나날이 이어졌다. 그렇게 인문학 삼봉우리로 불리는 문학, 역사, 철학을 파고들었다.

그가 읽은 많은 작가들 중에서도 카프카의 몇몇 소설들은 뇌리에 압인 찍듯이 강렬한 인상을 남겼다. 그렇게 카뮈를 만나고, 미시마 유키오를, 니코스 카잔차키스를, 무라카미 하루키를, 밀란 쿤데라를, 블라디미르 나보코프를, 레이먼드 카버를, 폴 오스터를, 파스칼 키냐르를 읽어나갔다.

그는 한때 글 쓰는 것을 포기하고 싶었다고 회상한다. 재능에 깊은 회의를 품었고 문학의 길에 아무 희망이 없다고 판단했기 때문이다. 하지만 그때도 책읽기만은 멈출 수 없었단다. 여전히 읽을 만한 것을 찾아 헤매고 다녔다. 그는 돌이킬 수 없을 정도로 독서의 세계에 너무 깊이 발을 담갔는지 모른다. 그래서 다시 마르틴 하이데거를, 모리스 블랑쇼를, 에마뉘엘 레비나스를, 발터 벤야민을, 롤랑 바르트를, 장 보드리야르를, 조르조 아감벤을, 미셸 푸코를, 지그문트 바우만을, 수전 손택을, 피에르 부르디외를, 엘리아스 카네티를, 자크 라캉을, 슬라보예 지젝을, 가라타니 고진을 쉬지 않고 읽었다. 작가란 쓰는 자이기

이전에 먼저 읽는 자라는 사실을 뼛속까지 깨달았기 때문이다.

또한 지속적인 독서를 통해 감각을 벼리고 개성을 풍성하게 일구며 단단한 감성의 근육을 만들지 못한다면 작가가 되는 길은 한없이 멀어질 것이라고 믿었다. 그렇게 그는 위대한 작가들의 책을 읽음으로써 그 속에서 마음과 정신을 키울 수 있었다. 그들의 책을 읽는 것은 작가로 조련되기 위해 반드시 거쳐야 할 과정이었다. 그는 〈글쓰기는 스타일이다〉에서 다음과 같이 기억할 만한 문장들을 적었는데 이는 그동안 읽었던 책들이 저자를 통해 하나로 꿰어졌기 때문임을 암시한다.

"끝까지 포기하지 않고 글을 쓰는 게 바로 재능이다."

"중요한 것은 문장에 실린 생각이지 문장 자체는 아니다."

"나쁜 문장이란 덜 숙성된 생각의 결과물이다."

"좋은 글은 마음속에 흐르는 노래처럼 리듬을 타고 온다."

"왠지 모르게 끌리는 글의 힘은 그 진실성에 숨어 있다."

"소소한 일상을 꾹꾹 눌러쓰다 보면 진심이 된다."

"단풍잎에 무심한 눈길을 주는 순간, 삶이라는 꽃이 피어난다."

"이름을 붙일 수 없는 것에다 이름을 지어 붙여라."

"가장 쓰기 어려운 것이야말로 정말 써야 하는 '그것'이다."

"아침부터 저녁까지 쓰고 생각하며 의미로 가득 찬 삶을 살아라."

이 책을 통해 우리는 하나의 체계를 만들어가는 방법에 대해서 배울 수 있고, 이를 우리 삶에 의미재구성할 수 있다.

파편화된 것들은 힘을 갖지 못한다. 체계적으로 정리된 것에 의해 논리적으로 밀릴 수밖에 없다. 독서 역시 쓰기와 마찬가지로 맥락이 있어야 힘을 받는다. 조각조각 흩어진 정보가 아니라 하나의 키워드를 중심으로 몇 십 권의 독서가 더해져야 한다.

한 세계에 입문하여 지속적으로 체계성을 갖춘다면 누구나 지식 생산자의 반열에 오를 수 있다. 맥락은 세월의 힘, 시간의 축적을 필요로 한다. 하나의 키워드에 질서를 부여하는 작업으로부터 우리는 한 분야에 대한 장악력을 얻는다. 그래서 파편화된 독서는 지양되어야 하고 대신 맥락 독서를 목표로 삼아야 한다. 문 밖에서 보는 세계와 문 안에서 접하는 세계는 다르다. 맥락은 전체를 조감할 수 있도록 만든다. 이질적으로 보이는 것들조차도 맥락을 알게 되면 연결고리를 만들어나갈 수 있다. 맥락이야말로 독서를 깊게 만드는 핵심이다.

독서는 체계성을 띠면서 심화된다. 시냅스끼리의 연결도 더 촘촘하게 만들어진다. 텍스트가 연결되기 시작하면 초급 독서 딱지를 뗀다. 내 삶에 대입해 보는 의미재구성법을 적용하는 가운데 사유의 힘이 커진다. 연결을 잘 시키는 것만으로 독서는 더 흥미로운 작업이 된다. 적당한 긴장감과 함께 지적 쾌락을 선물한다.

04

밑줄 굿기와 여백 메모
- 책을 적극적으로 내 삶에 대입하는 방법

그동안 책이 너무 깨끗했다.

수년쯤 책을 읽다 보면 안다. 책은 하나의 방편이라는 것을. 책은 강의 이쪽 언덕에서 저쪽 언덕으로 건너기 위한 작은 배와 같다. 의식의 성장을 돕는 일시적인 동반자로, 강을 건너면 배를 버릴 수 있어야 한다. 독서는 의식 성장을 위한 하나의 방편으로, 다음 강을 건너기 위해선 또 다른 책이 필요하다.

나는 〈적자생존〉이라는 책을 통해서 사유가 글쓰기에 이르는 자연스러운 과정에 대해 말했다. 이론이 아니라 실천을 포함한 방법론을

읽었으면 달라져야 진짜 독서

제시했다. 마찬가지로 독서법에서도 '의미재구성을 통한 체화 과정'을 강조하고 싶다.

자연스러운 것이 최고의 선(善)이다. 텍스트에 줄긋고 여백에 메모하는 사이, 텍스트가 내 삶에 접속될 수 있다.

이러한 체화 작업은 곧 책의 노트화와 연결된다. 책은 깨끗할 이유가 없다. 글은 이쪽에서 저쪽 강을 건너가기 위한 방편에 불과하다. 단지 배냐 활자냐 하는 수단이 다를 뿐이다.

그동안 우리는 책을 신성하게 다루었다. 보물단지처럼 소장하는 걸 당연히 여겼다. 그러다 보니 책이 내 의식에 주는 변화에 대해서는 무관심했다. 책을 적극적으로 해체하고 소비하고 활용하려는 노력이 독서 고수로 살게 하는 방법이었는데도 말이다.

나에게 깨끗한 책은 한 권도 없다. 책이 어떤 진통을 거쳐서 나오는지 뻔히 알기 때문에 그 안에 뭔가 배울 게 있다고 일단 믿고 보는 것이다. 저자들이 시간과 노동을 투입하여 만들어낸 가치는 본문 곳곳에 스며 있다. 이렇게 애를 써서 만든 내용을 내가 흡수하지 않는다면 나는 왜 책을 읽을까?

책에 줄을 치고 메모하며 읽는 이유다. 줄을 치는 건 내가 주목할 만한 내용이 있다는 뜻이고, 메모하는 건 저자의 사유에 내 사유를 덧칠하고 싶기 때문이다. 메모를 통해 나는 몇 개의 문장을 적게 된다. 이 문장은 때로는 사유의 결과일 수도 있으나 대개는 나의 사유를 이끌어내는 과정이다. 내 두뇌가 책을 통해 자극을 받아 뭔가 영감을 받은 결과물이 메모이고, 다시 이 메모는 나의 사유를 돕는다. 달리 말해, 자문자답 Q&A다.

아인슈타인이 말한 1프로의 뮤즈는 언제, 어디에서 오는 걸까. 우리는 뮤즈가 찾아오는 여건이 있다는 사실을 알기나 할까. 뮤즈가 찾아오려면 자극이 선행되어야 한다. 그 자극으로 추천할 만한 방법이 줄 긋고 메모하는 것이다. 내 식으로 말하자면 이것이 '자문자답 Q&A 의미재구성법'이다.

줄긋고 메모하는 것만큼 책읽기의 본질에 가까운 건 없다.

줄긋고 메모하기, 실례

의미재구성을 위한 줄긋기와 메모는 어떻게 할까? 월터 B. 피트킨이 지은 〈인생은 사십부터〉를 통해 그 과정을 잠시 살펴보자.

이 책에서 저자는 마흔이 넘으면 현명한 사람들은 '단순화된 삶 (simplified life)'을 지향한다고 말한다. '단순한 삶(simple life)'과 혼동해서는 안 된다. 저자에 따르면 '단순화된 삶'은 '자아실현과 아무 상관없는 일체의 노역을 기술적으로 내 삶에서 추방하는 것'을 말한다. 절대 빼놓을 수 없는 필수요소에 모든 에너지를 집중하는 삶이다. 사소한 힘조차도 쓸데없는 일에 낭비되지 않도록 가지치기를 한다. 한

마디로 중요한 욕망을 위해 사소한 욕망들을 버린다.

저자는 가능한 한 단순화하고 절약하면서, 지속적이고 강력한 몇 가지 욕망에 역량을 집중할 것을 강조한다. 그렇게 하면 나이 들면서 기력이 다소 감소하겠지만 효율성만큼은 높일 수 있다. 이런 식으로 우리는 마흔이 되어서도 성취의 가능성을 높일 수 있다. 단순화된 삶을 지향하는 사람들이 하는 일들은 엄청나게 복잡하고 열정을 요구하는 것처럼 보일 수도 있다. 목표로 삼은 꼭 필요한 일들은 과다한 에너지 소모를 요구하는 것처럼 보이는 반면, 목표를 통합하는 작업은 당사자가 아닌 그 누구의 눈에도 보이지 않기 때문이다……

이와 같이 〈인생은 사십부터〉는 단순화된 삶에 대해서 설명한다. 만일 독서 중에 핵심 내용을 접하면 나는 밑줄을 긋는다. 밑줄은 많이 칠수록 좋다는 입장이다. 그만큼 내가 열려 있고, 배우려는 자세로 책을 마주하고 있다는 증거이므로. 다만 밑줄만 긋고 넘어가면 곤란하다. 분명 좋다고 느끼는 내용이라면 뭔가 머릿속에 떠오르는 게 있을 것 같다. 아마도 내 삶을 돌아보게 되는 순간일지 모른다. 그때 의미재구성을 위한 질문을 던진다.

Q. 내 나이에 맞게 일과 여가를 조정할 수 있는가?

Q. 나는 현재 어떤 방식으로 일을 처리하고 있는가?

Q. 마흔이 넘으면 새로운 여가 생활 방법을 배울 예정인가? 혹은 배우고 있는가?

이처럼 자문자답을 하다 보면 스스로 답을 하려고 하기 마련이다. 그 의견을 적어가는 게 메모다. 그렇게 의미재구성을 위한 질문을 던지고 답을 하다 보면 책이 내 삶에 빠르게 다가올 수 있다. 여기서는 의미재구성을 위한 질문이 3개밖에 없지만 10개 이상 만들면 좋다. 그렇게 하면 책을 통해 습득한 내용이 내 삶에 쉽게 들어오게 된다.

내 삶에 변화를 일으키는 것이 독서의 목표다. 의미재구성은 변화를 돕는다. 이를 위해서는 책에 밑줄 긋고 메모하는 것을 두려워하면 안 된다. 책에 펜을 대는 행위는 책을 적극적으로 수용하겠다는 의지의 표시다.

읽었으면 달라져야 진짜 독서

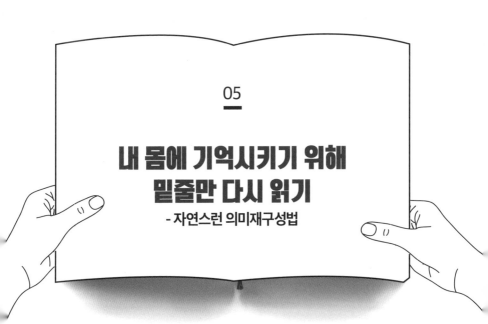

05

내 몸에 기억시키기 위해 밑줄만 다시 읽기

- 자연스런 의미재구성법

우리는 대부분 머리 따로, 가슴 따로인 인생을 살고 있다. 에너지가 부족한 것도 한 가지 이유도 되겠고 주머니 사정이 넉넉지 못하거나 짬을 내기가 힘든 것도 한 가지 이유가 된다. 물론 정말 바쁜 사람이 얼마나 되는지는 별개 문제지만 말이다. 아무튼 시간에 쫓기고 생존에 쫓겨서 더 이상 피할 수 없을 때까지 진짜 삶을 미루어 온 것인지 모른다. 그러다 문득 강한 동기부여를 받게 되면 발등에 불 떨어진 사람처럼 행동하게 된다. 특히 한 해가 저무는 12월쯤에는 '미룸'이 죄의식까지 동반한다.

나의 경우 일상에 젖어든 자연스러움을 좋아하는 편이라 무리하지 않는 생활습관을 최고로 여긴다. 그러다 보니 우선순위에서 밀린 원고는 컴퓨터 폴더 안에 꽤 오랜 시간 머물게 된다. 너무 느린 것도 압박을 받지만 나의 활동에너지가 적은 까닭에 급한 것을 더 회피하는 편이다. 원고는 초고 단계에도, 퇴고 단계에도 강한 동기부여를 받아야 세상에 나올 수 있다. 어떤 원고든 급하게 나와야 할 이유가 없다고 믿는다. 스스로 충분히 무르익으면 하늘도 막을 수 없는 법이다.

한나라를 건국한 공신 중 상당수가 제 명에 죽지 못했다. 하지만 장량은 수많은 인물 중 명예롭게 은퇴한 지자(智者)이다. 이것은 학습과 연관성이 있다. 신비한 노인과의 인연으로 주나라 건국공신 강태공이 지은 〈태공병법〉을 얻고 장량은 인생 전환의 계기를 맞는다. 장량은 이 책을 항상 지니고 다니면서 소리 내어 읽었다. 그에게 병법서는 〈태공병법〉밖에 없었다. 나머지 병법서들은 참고삼아 읽는 정도에 불과했다. 그는 하나의 글을 읽을 때도 깊이 있게 읽으며 문장 뒤에 숨어 있는 함축된 뜻을 깨닫고, 이를 실제 상황에 딱 맞게 책략으로 만들었다. 유방을 만났을 때 장량은 이미 전략가였는데, 〈태공병법〉을 자유자재로 활용할 만큼 책과 하나가 되어 있었다.

텍스트가 체화되면 놀라운 가치를 빚어낸다. 책을 통해 전략가로 재탄생한 장량처럼 한 권의 책이 의미재구성을 통해 내 삶에 새롭게 대입되면 삶도 본질적인 변화를 수반한다. 줄긋고 메모하는 사이, 나는 저자를 비판하기도 하고, 때로는 판단하기도 하는데 이때 새로운 아이디어가 돌출된다. 이 아이디어는 가만히 생각해 보면 저자만의

읽었으면 달라져야 진짜 독서

것도 아니고 나만의 것도 아니다. 저자와 나 사이에 생명의 기원에 벌어졌을 법한 화학반응이 일어나며 하나의 세계가 창조된다. 독서와 삶을 따로 떼어놓고 볼 수 없는 이유는 그 때문이다. 이것이 주체성 가진 적극적인 독서다.

사유를 통해 내 삶과 연결되는 뭔가를 만들어낸다는 일은 생산적이다. 특히 메모야말로 생산적인 범주에 속하는데, 그것을 삶에 적용하면 놀라운 반전이 일어난다. 그러한 콘텍스트로부터 개인의 삶은 성장한다. 독서의 본질이란 그런 것이다. 자신의 기획으로부터 성장하는 기쁨을 알게 되면 책을 놓을 수 없다는 것, 심지어 책이 없으면 불안을 느끼는 활자중독증에까지 이른다.

한 세계가 창조되는 경이로움 때문에
텍스트 자체는 무한 자본이 된다.

자연스런 체화를 위한 밑줄 다시 읽기

우리는 앞에서 밑줄 긋기와 메모에 대해서 간략히 언급했다. 그런데 의미재구성 독서법은 2단계가 아니라 3단계 과정으로 구성된다.

1단계는 밑줄 긋다. 설명을 추가하면 밑줄 긋기를 위한 1차 독서는 차분하게 책을 읽을 수 있는 시공간을 선택하는 게 좋다. 조용한 카페라든가 서재 한구석 또는 작업실처럼 자신에게 맞는 의도적인 공간과 시간을 택한다. 나의 경우 백색소음이 있는 카페에서 나를 자극하는 문장들에 줄을 긋는다. 만약 공감되는 부분에 줄을 긋는다면 자기 확신을 더 가질 수 있다. 사유를 위해서는 잠깐 멈춤이 있어야 한다. 기존 인식에 균열을 가하는 일일 것이다.

2단계는 메모하기다. 자문자답 Q&A로 아이디어를 붙잡지 않으면 생각은 날아간다. 그 사유의 끝을 붙잡아 메모한다. 아이디어는 텍스트로부터 돌출되는데, 내가 읽은 어느 문장에서 점화가 일어날지 모른다. 책의 여백에 메모하는 일은 의미재구성법의 핵심이라고 할 수 있다. 내적변화를 위한 것이다.

그리고 마지막 3단계가 있다. 체화를 위한 칼라 펜 긋기 단계다. 칼라 펜을 쓰는 이유는 책을 여러 번 되풀이해서 읽기 위해서다. 처음 읽을 때 붉은 펜을 썼다면 다음 번 읽을 때는 붉은 펜으로 밑줄 그은 부분만 읽는다. 동시에 파란 펜으로 다시 밑줄을 긋는다. 세 번째 읽을 때는 파란 펜으로 밑줄 친 부분만 읽으며 또 다시 새로운 색깔로 밑줄을 긋는다. 이처럼 되풀이해서 읽으면 핵심 문구는 압축되고, 또한 밑줄 친 부분에 대해서 친숙함을 갖게 되며 이는 자연스럽게 나의 의식에 젖어든다. 체화가 진행된다.

3단계는 자연스런 변화를 추구하는 내게 매우 중요한 절차다. 작은 행동의 변화를 이끌어내는 데는 여러 차례 거듭하여 읽는 것보다 좋은 게 없다는 생각이다. 마치 성경, 불경, 명상집, 잠언집을 가까이 두

　　　　　　　　　　읽었으면 달라져야 진짜 독서

고 읽는 것처럼 시나브로 염색된다. 체화되기까지 여러 번 칼라 펜으로 줄긋는 일이 필요하다. 반복 읽기는 한 번만 읽었을 때와는 다르다. 칼라 펜의 종류가 늘어날수록 삶에 외적 변화가 일어날 가능성이 크다. 인간은 망각의 동물이라 반복 읽기만큼 좋은 것도 없다.

　매일 책을 들고 있다고 독서의 일상화가 아니다. 이와 같이 되풀이해서 읽어가며 체화하려고 노력하는 게 독서의 일상화다. 그런 일상화만이 독서의 참맛을 일깨워준다.

06

의미재구성 독서법의 효과 의식의 변형

나는 불현듯이 겨드랑이가 가렵다. 아하 그것은 내 인공의 날개가 돋았던 자국이다. 오늘은 없는 이 날개, 머릿속에서는 희망과 야심의 말소된 페이지가 딕셔내리(사전) 넘어가듯 번뜩였다. 나는 걷던 걸음을 멈추고 그리고 어디 한번 이렇게 외쳐보고 싶었다.

날개야 다시 돋아라.

날자 날자 날자 한 번만 더 날자꾸나.

한 번만 더 날아 보자꾸나.

이상의 〈날개〉에서 주인공은 아내가 돌아오지 않음을 알고 현실을 거부한다. 경성 미스꼬시 옥상으로 올라가 정오의 사이렌 소리를 들으면서 "날개야 다시 돋아라"고 간절하게 바란다. 이는 주인공이 과거로 도피하는 행동으로 나타나지만 억압적인 세계가 아닌, 자유를 향해 비상하고자 하는 의지라고 볼 수 있다. 주인공은 '날개'를 달고 현실에서 탈출하기를 소원한다.

의식은 날고 싶어 한다. 기존의 공전궤도를 벗어나서 자유롭게 비상하고 싶어 한다. 의식의 궤도 이탈을 위해서라면 텍스트의 조력이 필요하다. 사람은 물리적 한계 때문에 다양한 인생경험을 쌓을 수 없으며, 그래서 늘 같은 자리를 맴도는 경향이 있다. 이때 책은 중력장에 변화를 일으킬 수 있는 작은 힘이 될 수 있다.

의식은 조망권이다. 서 있는 위치에 따라 바라보는 풍경이 달라지듯 내 의식이 새로운 위치에 서게 되면 생각하는 것들, 인식하는 것들, 행동하는 것들, 만나는 것들이 달라진다.

텍스트는 우리 삶에 수용, 변형, 응용, 활용 등 여러 방식으로 체화된다. 그것은 자극, 공감, 힐링, 위안, 정보, 앎 등을 제공한다. 꼭 지식을 위한 독서만 있는 것이 아니다. 깨달음, 향유 같은 의도적인 천천히 읽기로부터 의식에 날개를 달 수 있다. 나를 가두고 있는 일상의 매트릭스를 탈출하는 해법도 찾을 수 있다. 그런 이유로 본문을 몇 장이라도 직접 읽고 핵심 문장들을 골라야 한다. 책은 250쪽 전체가 아니라 단 몇 장이라도 의미재구성이 이루어지는 텍스트가 있어야 한다. 〈나는 4시간만 일한다〉의 책 역시 나에게 단 몇 페이지만 의미재구성이 이루어졌으나 의식에 균열을 가한다는 측면에서는 가치가 있었다.

개그맨 고명환은 한때 '책을 좋아하고 1,000권 넘게 읽었으니까 책이 시키는 대로 사업을 해서 돈을 벌자'라는 인생 작전을 세웠다. 이런 작전을 세웠으니 다음 단계인 인생과 사업에 적용할 책을 골라야 했다. 그것이 '세스 고딘'의 책이었다. 사업 성공의 9할은 세스 고딘 덕분이었다. 한 번도 만난 적 없지만 열 번을 의미 없이 만난 사람보다 더 친근하다. 그는 세스 고딘을 만나기까지 수백 권의 책을 거쳐 왔다. 책이 소개해주는 책을 따라가고 또 따라가다 〈보랏빛 소가 온다〉를 만났다. 그때부터는 세스 고딘의 책을 닥치는 대로 읽기 시작했다. 경영, 마케팅에 대해서 아무것도 모르던 그에게 너무도 쉽고 편하게 비밀의 문을 열어주었기 때문이다. 세스 고딘의 책은 그에게 의식의 낡은 쇠사슬을 깨뜨리고 하늘을 비상할 수 있는 날개가 되었다.

행동 이전 의식의 변화가 먼저다.

마음먹은 순간, 삶에는 지각 변동이 일어난다.

의식에 균열을 가하는 순간을, 자주 의도적으로 만들어야 한다.

어린 헤세를 위대한 소설가로 재탄생시킨 서재

헤세는 학교 교육에 실패한 열다섯 살 때부터 모든 힘을 바쳐 의식적으로 자아 형성에 힘을 기울였다. 할아버지의 흩은 책으로 가득한 서재였다. 이 서재에는 18세기 독일 문학 작품들과 철학 책들이 한가득 꽂혀 있었다. 헤세에게는 행운이었고 기쁨이었다. 그는 서재에 있는 세계 문학 작품들의 절반 정도를 읽었으며 예술서, 언어, 철학 등에도 열성을 보였다.

처음에는 몇 권의 단행본이 흥미를 끌었고 이것이 계기가 되어 장서를 하나 하나 찾아나가면서 읽는 재미를 알게 되었다. 넓은 방의 높은 책장을 구석구석까지 책 찾기를 단념하지 않고 때로는 몇 시간이고 높은 사닥다리 위에 걸터앉아 읽었다. 책들이 곳곳에 쌓여 있고, 그는 마룻바닥에 엎드려 책 사이를 오갔다. 헤세는 어느 한 시절 집중적으로 모든 힘을 바쳐 자아 형성에 힘을 기울였다. 우리 역시 의식에 날개를 달기 위한 의도적인 시간을 가져야 한다. 그래야 비로소 조망권이 달라지기 때문이다.

할 수 있을 때 하지 않으면 하고 싶어도 못 하는 때가 온다. 시간의 일회성을 의미하는 '타이밍' 때문이다. 의식적인 노력을 기울이지 않으면 물고기처럼 펄떡이는 인생을 영영 누릴 수 없다. 가끔 유튜브에서 상송 뮤직 비디오를 즐겨본다. 조각 같은 아름다움을 지닌 그들 역시 오래 전 죽은 이들이다. 한 시대를 풍미했던 배우들도 흔적만 남기고 사라진다. 유한한 인생 그 응전은 무엇일까.

주체로서의 삶이 답이다. 누가 가로막은 것도 아닌데 우리는 스스로 수많은 금기를 안고 살아간다. 좀 더 자유롭게 살아도 된다. 스스로 자유를 구속하고 있다면 일단 용기를 내볼 일이다. 책을 읽다 보면 종종 의지가 신념으로 바뀔 때가 있다. 불확실성의 시대, 누군가의 조언도 자신의 직관만큼 도움이 되지 않는다. 우리는 전문가인 저자와의 접속으로 강한 동기부여를 받을 수 있다.

삶의 곳곳이 갈림길이다. 자기 확신 없이는 길 하나도 고르기 어렵다. 매일 만나는 선택지는 결과를 부르는 것들이다. 그것은 인생의 로드맵과도 연결되어 있다. 이미지가 텍스트로 읽히고 텍스트가 이미지로 읽히는 시대, 우리에게는 매일의 백지가 주어진다. 일단 의식에 변형을 가한다면 백지 앞에 내딛는 한 발이 그리 두렵지는 않을 듯하다. 오래 마음먹은 사람처럼 말이다. 의식의 균열로부터 우리는 삶의 비상구를 마련할 수 있다. 익숙한 것으로부터 탈출을 시도해 본다. 뜨겁게 달궈지는 물에 점점 삶아지는 개구리가 되고 싶지 않다면 말이다.

당신의 삶의 풍경은 칙칙한 흑백인가, 눈부신 칼라인가

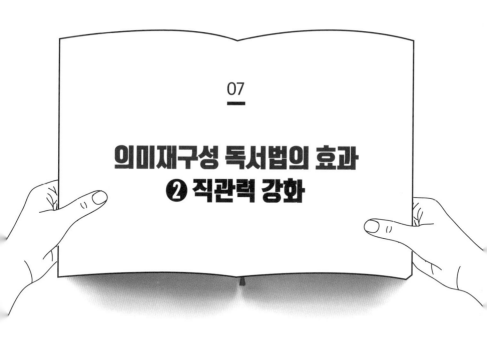

07

의미재구성 독서법의 효과
❷ 직관력 강화

역사의 진보에 대한 믿음이 사라진 시대, 무작정 뛰기만 해서는 어떨까. 다수의 선택이 늘 옳은 것은 아니라는 생각이 고개를 드는 시대, 무리만 따라 달리기만 해서는 어떨까. 전통적 합리성에 대한 의구심이 일어나고, 각자의 운명 앞에는 여러 개의 잔이 놓여 있다. 나는 까나리액젓과 아메리카노를 어떻게 구분해야 할까? 직관이 중요해지는 이유다.

독서는 명상처럼 직관력을 높일 수 있는 도구다. 반복 독서로 체화된 텍스트는 종종 선택의 기로에서 영감을 주기도 한다. 지혜도 배경지식이 쌓여야 생긴다. 체화된 텍스트는 내적변화를 일으키고 어느 순간, 외적변화까지 불러온다. 삶에 일어나는 문제를 푸는 데 실마리를 제공하기도 한다. 만일 우리가 체화된 독서에 이르렀다면 직관력을 갖게 된다. 의미재구성 독서법으로 얻을 수 있는 효과 가운데 하나다.

직관력이 있다는 말은 판단력을 갖추었다는 얘기다. 그는 낯선 정보나 새로운 환경을 접하더라도 당황하지 않고 반응할 준비가 되어 있다. 낯선 것을 가늠하여 내 것으로 삼을 준비가 되어 있다. 책으로 좁혀서 말하면 정보를 수용하는 단계를 벗어나 책을 쓸 수 있는 단계까지 나아간 것이다. 한 분야를 점진적으로 학습해나가다 어느 순간, 자기 의견을 제시하는 수준까지 오른다. 고미숙 저자도 그런 인물이다. 명리, 동의보감 등 지적 호기심 따라 한 분야씩 정복해 나가고 그것을 통하여 현대적으로 의미재구성한 결과물을 내놓는다. '수유너머'는 그렇게 책을 통해 한 세계를 정복해가고 그것의 결과물을 내놓는 사람들이 모인 곳으로 알고 있다.

소설가 정을병 역시 〈독서 이노베이션〉에서 자신은 소설가이기도 하지만 분재와 난초, 명상, 의학, 한글 기계화의 전문가라고 밝혔다. 그는 관심사가 생기면 그 분야에 대한 책 수십 권, 수백 권을 읽는다. 일주일에 두세 번씩 서점에 가서 한 번에 두세 권의 책을 사고 한 주에 서너 권 가량을 읽는다. 한 달에 15권을 꾸준히 읽는다. 그러다 보면 어느 사이, 직관력을 갖추게 된다.

이런 독서를 수십 년간 하다 보니 그는 다양한 분야의 전문가가 되

읽었으면 달라져야 진짜 독서

었다. 명상에도 완전히 매료되어 미친 듯이 수백 권을 읽었다. 국내에 나온 명상 관계 책은 거의 빠지지 않고 읽었다. 그리고 명상에 대해서 확실한 해석이 없는 것 같아서 직접 명상에 관한 책을 쓰기도 했다. 그는 이렇게 지금까지 68권의 책을 썼다. 한국 작가로서는 최고의 저작기록인 셈이다. 소설가 정을병은 이렇게 말했다.

"나는 어떤 문제에 관심을 가지게 되면 그것에 필요한 수십 권의 책을 사방으로 돌아다니면서 구해 가지고 와서 읽는다. 이때의 즐거움은 이루 말할 수 없는 것이다. 내가 문단에 처음 나올 무렵에는 희랍철학과 역사, 문화, 그리고 신화에 완전히 빠져 있었다. 그래서 그에 필요한 책은 구할 수 있는 한 다 구해서 읽었다. (……) 나는 한동안 의료계신문에 종사했다. 물론 밥을 먹기 위한 방편이었지만 나는 이왕 이런 곳에서 일할 바에야 의과대학을 하나쯤 다니는 셈 치기로 하고 의학이나 약학을 열심히 공부했다. 나는 물론 단 한 시간도 의과대학 강의실에서 수업을 받아 본 적은 없지만 의사 못지않은 의학 지식을 가지고 있다고 자부한다."

그동안 책은 나에게 이정표를 제시해 왔다.

내가 가야 할 길을 알 수 있다

읽다 보면 가야 할 길과 가지 말아야 할 길, 내 일과 내 것 아닌 일 등 카테고리가 선명해진다. 이런 자명한 구분이 현실에 힘을 실어준다. 나 역시 내 길과 내 길 아닌 길을 지나왔다. 일관성 있는 길이었지만 그 사이 선택지는 무수했다. 모든 길을 책에 의존하여 온 것이다. 알고자 하는 것들은 주로 책에서 찾아봤다. 텍스트와 자문자답하는 사이, 어느덧 직관력이 커짐을 느꼈고, 그러면 길은 더욱 자명해졌다. 찜찜한 것들은 뒤로 남겨둔 채 확실한 길을 향해 걸어왔다. 이것이 내가 책으로부터 받은 가장 큰 수혜다. 지금도 책을 이정표 삼아 길을 간다. 책과 더불어, 책을 사랑하는 일이 곧 나에게 그만큼의 혜택으로 돌아온 셈이다.

지금 터닝포인트에 있는 사람이라면 독서로부터 조력을 받을 수 있다. 물론 책 대신 사람을 찾아다니면서 만날 수도 있겠다. 그런데 자신과의 소통이 먼저이다. 나의 욕망을 정확히 알아야 한다. 수십 권 싸들고 조용한 시공간에 머물러라. 그 계기는 자신이 마련한다. 의식이 맑은 곳에서 관련 서적을 여러 권 읽다 보면 내 길이 스스로 밝아지는 것을 느낄 수 있다. '미니 은퇴' 역시 내가 요즘 책으로부터 받은 힌트다. 당분간 나는 미니 은퇴로 의미재구성을 해나갈 계획이다. 의미재구성은 반복 독서 때마다 계속할 수 있다.

우리 사회는 50대의 어느 시점을 인생 1막의 은퇴시기로 잡아두는 경향이 있다. 인생 2막이든, 3막이든 자발적으로 시작해야 한다는 이유에서 그러하다. 누구도 막연하게 은퇴를 결정하지는 않겠지만 누구든 책으로부터 인생 2막, 3막의 터닝포인트를 조력받을 수 있다. 내가 이정표 삼아 길을 왔던 것처럼 자문자답 Q&A를 통해 누구나 다음 길을 예비할 수 있다. 인생의 터닝포인트마다 우리는 주체적인 결정을 요구받는다. 그럴 때 독서와 함께 살아온 인생이라면 선택지에 대한 부담이 덜 하다. 가야 할 길이 또렷하여 마음이 가볍다. 신념 강한 길은 양 손에 떡을 쥐고 소탐대실(小貪大失)하는 길과 분명 다르다.

08

의미재구성 독서법의 효과 ❸ 삶의 주체로서 살아가는 힘

언제까지 타자로 머물 것인가. 타자와 주체는 생각하는 힘에서 가장 크게 차이가 난다. 조직에 있다면 누구든 길들여지게 마련이다. 종편 방송에 나오는 패널들이 종편스러운 것도 그 이유에서다. 조직에서는 그 조직의 성격을 따를 수밖에 없다. 진보든 보수든 조직의 성격과 닮아간다. 길들여진다는 것은 수직관계일 때 더 강하게 나타난다. 한 달에 한 번 마약 같은 급여를 받다 보면 영혼까지 얽매인다. 하지만 이때마저 독립적인 인간이 될 것을 꿈꾸지 않으면 안 된다. 조직에 있다고 하더라도 한 개인으로서 주체적인 의식은 있어야 한다.

21세기 대한민국 반도에는 숱한 이데올로기가 수명을 이어가고 있

읽었으면 달라져야 진짜 독서

다. 그것이 의심을 거부하는 독단적 이데올로기인지, 아니면 삶의 근원에서 건져 올린 본질인지 어떻게 구분할 수 있을까. 소비되고 마모되는 인생인지, 주체로서 '참나'를 찾아가는 인생인지 아는 지혜는 어디에서 올까.

의식에 변형이 가해지고 직관력이 강화되면 그 안에서 저절로 솟아오르는 게 있다. 주체적 의식이다. 주체가 된 사람은 이데올로기로부터 영향을 받을 수 있다는 사실을 알기 때문에 주의 깊게 자기 삶을 개척해간다. 자신을 옥죄는 여러 제한으로부터 벗어나기 위해 늘 깨어 있다. 그는 자유롭다. 주체로서 삶에 통제력을 발휘할 수 있다. 스스로 기획하고 스스로 나아간다.

저자 켈리 최는 글로벌 기업, 켈리델리(KellyDeli)의 창업자이자 회장이다. 마흔 넘은 나이에 무일푼으로 인생 제2막을 새롭게 시작하기로 마음먹고, 2년간 할 수 있는 모든 준비와 공부를 다 했다. 그렇게 치열하게 사업 공부에 매진하며 세운 켈리델리는 현재 유럽 10개국에 700여 개의 매장이 있다.

그녀는 100권의 책을 읽으면 그 분야 학위를 딴 것과 같다고 말한다. 1년간 세계 여행을 했을 때도 100권의 책을 정해 읽었다. 1년에 100권을 읽으려면 적어도 2~3일에 한 권씩 읽어야 하니 매우 빡빡한 일정이었다. 하지만 자신의 한계를 이겨내고 싶었기에 그렇게 목표를 정했고 실천에 옮겼다. 기한을 정하면 한 권을 며칠에 걸쳐 읽어야 하는지 대략 계산이 나온다. 일정이 조금 여유 있을 때는 분량이 많거나 어려운 책을, 일정이 촉박할 때는 분량이 적고 편하게 읽을 수 있는 책 위주로 읽어나갔다.

또한 그녀는 직원에게 필요한 책을 추천해주는 것도 즐긴다. 세계여행을 하며 안식년을 보내기 전에 CEO 역할을 할 수 있는 4명의 직원에게 그 자리를 맡기고 리더십 관련 책 리스트를 보내기도 했다. 더불어 켈리델리는 본사와 지사 사무실마다 작은 도서관을 마련하여 직원들이 책과 가까워지도록 최대한 지원한다.

그녀에게 영감을 준 책은 일본 대형 서점 츠타야의 설립자인 마스다 무네아키의 〈지적자본론, 라이프스타일을 팔다〉였다. 츠타야라는 서점은 책을 파는 곳이 아닌 '라이프스타일'을 제안하는 회사라고 칭했다. 이 책을 읽은 후 그녀는 켈리델리 또한 단순히 초밥 파는 회사가 아니라 '아시아의 라이프스타일을 유럽에 알리는 회사'라고 명명하게 되었다. 책은 관점에 힘을 불어넣어 줄 뿐 아니라 주체로서 결정을 내리는 데도 큰 도움을 준다.

불과 10년 사이에 1만여 곳의 서점이 문을 닫았다. 시공간의 제약을 받지 않는 인터넷 플랫폼이 지배하는 시대에 츠타야 서점은 교통 불편한 도심 외곽과 지방 도시로 수백만 명의 사람들을 불러 모은다. 기존 대형 서점들이 투자의지를 잃어가며 맥을 못 추는 동안 츠타야 서점은 5만 명에 이르는 회원을 거느리고 1,400여 개의 매장을 운영하고 있다. 이 서점의 노하우는 책으로 만날 수 있다.

이 서점을 기획하고 완성한 최고경영자 마스다 무네아키는 독자적

읽었으면 달라져야 진짜 독서

인 경영 철학을 〈지적자본론〉에 담았다. 그의 경영 철학에는 키워드가 있었다. '고객 가치의 창출'과 '라이프스타일 제안'은 지적자본의 시대에 '제안력'이 지닌 절대적 중요성과 이를 뒷받침하는 '디자인'에 대한 새로운 고찰이다. 미래의 기업은 '제안'과 '기획'을 통해 고객 가치를 창출해야 하며, 모든 사람들의 삶을 변화시켜야만 한다는 메시지다.

츠타야 서점의 성공에는 분명 인식의 전환이 존재한다. 이건 그냥 다르게 보기 위한 다르게 보기일까. 어느 누구도 그냥 다르게 볼 수는 없다. 켈리델리가 그랬듯이 츠타야 역시 본질을 바라보는 직관이 가능했던 것이고, 그게 주체적인 행보로 이어졌음이 분명하다. 그런 주체적 판단이 있었기 때문에 대형 서점들이 실패를 거듭하는 시장에서 전혀 다른 접근법으로 시장을 장악해나갔으리라.

인생이 책

중국의 임어당은 〈생활의 발견〉에서 "청년이 책을 읽는 것은 문틈을 통해서 달을 바라보는 것과 같고 중년시기에 책을 읽는 것은 자기 집 뜰에서 달을 바라보는 것과 같고 노령시기에 책을 읽는 것은 창공 아래 노대에 서서 달을 바라보는 것과 같다. 독서의 깊이는 체험의 깊이에 따라서 변하기 때문이다."라고 했다. 더불어 만물이 화하면 책으로 될 수 있다고도 했다.

"독서술을 체득하고 있는 사람은 가는 곳마다 만물이 화하여 책으로 될 수 있다는 것을 깨닫는다. 산수(山水) 또한 책이 될 수 있고 바둑도 술도 책이 될 수 있고 달도 꽃도 책이 될 수 있다. 현명한 여행자는 가는 곳마다 풍경이 있는 것을 안다. 책과 역사는 풍경이다. 술도 시도 풍경이다. 달도 꽃도 풍경이다."

임어당의 표현을 빌리자면 인생 역시 풍경이므로 모든 경험은 책으로 형상화될 수 있다. 그 깊이와 넓이에 따라 얼마든지 무궁무진한 것들로 탈바꿈되는 것이다. 유시민, 송숙희, 김영하, 채사장, 정민, 안상헌, 유영만……. 이들은 어떤 키워드에 대해 지식공장 공장장처럼 작품을 창작할 수 있는 지적자본가들이다. 삶의 주체가 된 사람에게는 더 이상 책만 책이 아니요, 모든 게 책이 되는 진기한 터닝포인트가 생긴다.

주체가 된 자에게
삶은 그 자체로 한 권의 책이 되어 다가온다.

읽었으면 달라져야 진짜 독서

3장

활자 냄새를 맡으며
책 고파지는 방법

– 독서습관 들이기 액션플랜

01

한 달에 한 번 서점으로 달려가자
- 서점과 친해지기

몬테레지오는 이탈리아 남쪽 언덕에 있는 작은 마을로 출판과 연이 깊은 동네다. 몬테레지오로 들어가는 도로에는 이탈리아의 유명 출판인의 이름이 붙어 있다. 16세기 몬테레지오 사람들은 새로운 직업에 뛰어들었는데, 책을 파는 일이었다. 그들은 해마다 여름이 되면 행장을 꾸리고 성대한 출정식을 거행했다. 길을 안내하는 책 행상으로 불리기도 한 그들은 사실 글을 읽을 줄 몰랐다. 문맹이었기 때문에 책내용을 알 수는 없었지만 잘 만들어진 책을 알아볼 수는 있었다.

그들은 책이 한가득 담긴 가방을 등에 지고 시골로 가서 농부들에게 책을 팔았다. 농부들 역시 글을 읽을 줄 몰랐지만 책 행상들이 '이

읽었으면 달라져야 진짜 독서

책이 아주 중요한 것이며 꼭 한 권은 가지고 있어야 한다.'고 설득하는 말에 넘어가 한 권씩 장만했다. 몇 세기가 지나자 몬테레지오 책 행상들도 글을 알게 되었고 출판업에 종사하기 위해 도시로 떠났다. 그보다 멀리 나가 스페인과 프랑스에 서점을 연 사람들도 있었다. 몬테레지오의 후손 중 150여 명은 지금도 세계 곳곳에서 서점을 운영하고 있다……

서점은, 수많은 저자들의 지적 생산물이 모인 콘셉트 경합의 장이다. 한 권의 책이 탄생하는 데 걸리는 시간은 아무리 적게 잡아도 반년으로 책에는 저자의 노고가 깊게 스며 있다. 단 한 권이라도 허투루 나온 책은 없다. 시대를 앞지르는 책도 있고 시대정신이 담긴 책도 있다. 스테디셀러 코너에는 누구나 한 번쯤 읽었을 법한 책이 진열되어 있고 신간 코너는 현대 사회의 흐름을 한눈에 알 수 있는 책도 놓인다. 서점을 장기간 규칙적으로 찾다 보면 진열대의 변화를 통해 사회와 출판 트렌드를 읽을 수도 있다. 한때는 '온라인 마케팅'에 관한 책이 주류였다가 다시 '사람'이 화두였다가 그 후에 '정치' 키워드가 대세였다가 '교양'에 관한 책들이 대거 등장했다. 2018년 상반기인 현재는 '4차 산업'과 '디지털 화폐'에 관한 책들을 만날 수 있다.

염소의 눈에 서점이란 검은 점이 찍힌 종이 뭉치 창고일지 모른다. 그러나 다양한 의미맥락 안에 살아가는 우리에게 서점은 지식과 노하우, 경험이 탄생하는 산부인과이자 우리가 살아가는 세상을 축약해 놓은 작은 세계이다.

그래서 그런지 모른다. 나는 서점에 가면 에너지를 받는다. 살아 있다는 느낌을 받는다. 요즘은 온라인으로 접속하면 편리하게 책도 검색하고 구입도 자유롭게 할 수 있지만 굳이 서점 방문을 권하는 데는 이런 이유가 있다.

또한 실용적인 이유도 한몫한다. 책 고르기의 어려움을 해소하기 위해서다. 온라인상의 제한된 미리보기 서비스를 넘어 책을 손에 들고 원하는 페이지를 직접 펼쳐보며 내용을 확인할 수 있기 때문이다. 책 고르기에 어려움을 겪는 초보자들에게는 실패를 줄일 수 있는 좋은 방법이다. 서점 진열대는 '책읽기, 인문학' 따위의 키워드가 하나씩 적혀 있는데 그 키워드 아래 수십 권의 책이 놓여 있다. 굳이 자리를 옮기며 열심히 찾지 않아도 그 자리에서 연관 도서들의 내용 확인이 가능하다. 제목에 꽂혀 사는 경우만 아니라면 어떤 책이 나에게 잘 어울리는지 목차와 본문을 오가며 직접 읽을 수 있으므로 책 선정에 도움이 된다.

두 가지 중요한 습관

독서를 시작하는 사람에게 가장 중요한 습관이 있다. 신간 서적과 만나는 시간을 일정 단위로 정해두는 것이다. 아직 못 다 읽은 책이 있다고 구입 시기를 미루면 방금 나온 따끈한 신간이 사라지고 만다.

읽었으면 달라져야 진짜 독서

한 번 놓쳐버린 영화는 다시 찾아 볼 수 있지만 책은 그렇지 않다. 초급 단계에서 지나친 책을 다시 찾아 읽기란 어렵다. 다른 이유도 있다. 일정한 시간에 밥을 먹는 습관을 들인 사람은 그 시간만 되면 배가 고파진다. 일정한 때에 일정하게 책을 만나던 사람은 그때만 되면 책이 고파진다. 이를 위해서는 두 가지가 필요하다.

첫째, 매월 도서 구입비로 일정액을 할애한다. 경기가 나빠지거나 살림살이가 어려워지면 가장 먼저 줄이는 게 문화생활 관련 비용이다. 책을 안 산다. 적금이나 세금, 학습비처럼 먼저 떼어놓는 습관이 없기 때문이다. 그저 재미를 위해 책을 구입하는 게 아니라면 이처럼 작은 돈으로 큰 효과를 누릴 수 있는 경우는 드물다. 가성비가 뛰어난 도서 구입비만큼은 매달 월급을 받으면 꼭 따로 떼어놓기를 바란다.

둘째, 매월 정기적으로 서점을 방문한다. 최소 단위는 월 1회다. 도서 구입에 조금 욕심을 낼 필요가 있다. 정기적으로 방문하여 한 달 읽을 분량을 한꺼번에 사둔다. 5권에서 10권이 될 수 있겠다. '다음에 사야지'라고 생각하고는 하는데 다음은 없다. 당장 급하거나 중요하지 않기 때문이다. 그리고 서점의 진열은 베스트셀러, 스테디셀러를 제외하고는 수시로 바뀐다. 진열된 책 중에서 눈에 띄는 것을 고른다. 꼭 필요한 책이 아니라면 오늘 놓친 책은 다시 못 보기 십상이다. 그러니 보일 때 구입하는 것이 최선이다.

내게 맞는 서점 찾기

서점은 세상의 모든 책을 다 진열할 수 없기 때문에 일정한 방식으로 배치한다. 일종의 편집숍 기능을 한다. 편집 철학은 서점마다 다르다. 나에게 맞는 서점이 있기 마련이다. 디스플레이가 왠지 나를 위한 맞춤 서비스처럼 느껴지는 곳이 있다. 대형서점일 수도 있고 아니면 책을 추천해주는 동네 서섬일 수도 있다. 나는 신논현역의 교보문고와 강남역의 영풍문고, 코엑스의 영풍문고를 애용한다. 가끔 저자 강연을 들을 때는 광화문 교보를 가기도 한다. 진열 공간이 넓어 장서가 많은 만큼 하나의 주제에 관해 전체 책을 가늠할 수 있다.

진열이 잘된 곳 중 하나가 신논현역의 교보문고다. 분야별로 깔끔하게 정리되어 찾아보기 쉽다. 특히 책을 찾아주는 서점 직원들에게는 별 다섯 개를 주고 싶다. 서점 중에서 가장 친절하다. 또한 1층과 지하 커피전문점에서 바로 독서가 가능하다.

강남역 부근의 영풍문고도 좋다. 짧은 시간 급하게 책을 고르기에 적당하다. 일단 접근성이 좋은데 지하철 2호선을 갈아타기 쉽다. 책이 많은 편은 아니어서 아쉽지만 상대적으로 필독서는 쉽게 찾을 수 있다. 독서 초보 단계에서는 충분히 읽을 만한 책을 고를 수 있다. 문 열고 나오면 비즈니스 공간과 커피전문점이 있다.

코엑스 영풍문고는 직원들에게 책을 찾아주길 몇 번 요청했다가 만족스럽지 않아 포기했다. 찾는 책이 꽂힌 책장의 넘버만 알려주기 때

읽었으면 달라져야 진짜 독서

문에 '없으면 말고' 식으로 찾아야 한다. 하지만 코엑스라는 편의시설 덕분에 덤으로 영풍문고를 이용하게 된다. 시간이 좀 있다면 편하게 자리 잡고 구석구석 숨은 책들을 찾아 읽는 재미가 쏠쏠하다.

별마당 도서관은 획기적이다. 진열에 심혈을 기울인 까닭에 다음 진열 작품들까지 궁금해진다. 별마당 도서관에서는 북토크가 열린다. 책의 분위기에 빠지고 싶은 사람이라면 코엑스 공간에서 보내는 하루가 힐링이 될 수 있다. 밥 먹고 커피 마시고 별마당 도서관에서 '북토크' 같은 행사를 느긋하게 즐길 수 있다. 책과 함께하는 하루를 보낸다고 생각하고 쉼을 갖기 좋은 장소다.

일단 마음이 당기는 책은 사서 놓고 본다.
당기는 책은 당기는 음식처럼 영혼이 필요로 하는 것이다.

서점, 소비자를 생산자로 바꿔주는 마법의 공간

암스테르담에서 가장 큰 서점은 '아메리칸 북 센터'라고 한다. 12미터에 이르는 벽에 책이 꽂혀 있는 이곳에서는 저작권 없는 글이나 자기 글을 책으로 내려는 사람을 위해 즉석에서 책을 인쇄해주는 '에스프레소 북 머신'이 있다. 또한 출판사와 저자를 연결하는 이벤트가 정기적으로 열리기도 한다. 그리고 암스테르담에는 특정 분야를 전문적으로 다루는 서점이 많다. 건축 서점, 만화 서점, 패션과 사진 서점, 미술 서점, 잡지 서점 등이 있고 안네 프랑크 박물관에는 안네 프랑크 서점도 있다. 부러울 따름이다. 또한 암스테르담의 아우데만히스포트 책 시장은 중고 시적을 파는 소규모 노점이 많은 곳으로 시 전문 서점도 있다.

　나는 더 자주 서점에 갈 것을 권한다. 또한 몇 권의 책을 미리 사둘 것도 권한다. 우리는 TV, 인터넷, SNS 같은 시청각에 홀린 듯 살다가 가끔 제정신이 든다. 눈과 마음을 다 뺏긴 채 살다 문득 정신 차려지는 순간이 있다. '참나'를 찾아가는 독서는 내밀한 작업이다. 짜릿하거나 자극적인 맛이 아니라 담백한 맛이다. MSG 치지 않는 독서의 본질을 알게 된다면 평생 독서가로 살지 않을 수 없다. 시청각을 1시간씩만 줄여도 서점을 갈 시간은 얼마든지 마련할 수 있다. 그곳에서 책의 향기에 흠뻑 빠지다 보면 뭔가 마음 부자가 된 것 같은 기쁨을 누릴 수 있다. 그 뿌듯함이 나를 소비자가 아닌 생산자로 살게 하는 데 큰 원동력이 된다.

읽었으면 달라져야 진짜 독서

02

베스트셀러 코너를 멀리 하자
- 책 고르는 방법

어떤 책을 고를까? 어떻게 책을 고를까? 책 고르는 방법을 살펴보자.

❶ 나의 독서 레벨에 솔직해지기

나의 독서 레벨은 1인데 레벨 10의 책을 읽는다면 독서가 고역이 될
것이다. 독서는 의무가 아니라 선택적인 즐거움이 되어야 한다. 타인
의 시선 따윈 중요하지 않다. 설령 학창시절 놓친 책을 다시 읽더라도
못 다 한 숙제를 마친다는 기분이어서는 곤란하다. 기준은 철저히 자

신의 즐거움이나 호기심, 관심이 되어야 한다. 이를 위해 필요한 게 나의 독서 레벨에 솔직해지다. 모든 책읽기의 출발은 내가 지금 읽을 수 있는 책 수준이 어느 정도인지 솔직하게 고백하면서 시작된다.

❷ 오프라인 서점에 가기

초보 단계에서는 온라인으로만 책을 고르면 감이 안 생긴다. 물론 새로 나온 책을 일목요연하게 검색하기엔 온라인 서점이 효율적이긴 하다. 저자, 목차까지 빠르게 검색될 수 있을 뿐 아니라 비교 도서까지 간편하게 파악된다. 하지만 독서 초보라면 직접 발품 팔 것을 권하고 싶다. 독서는 텍스트를 고르는 즐거움도 무시할 수 없기 때문이다. 쇼핑하는 즐거움처럼 말이다. 한 시간이 걸려도 좋으니 발품 팔아 서점에 나갈 것을 권한다. 무엇을 읽을지 직접 고르는 수고로움을 기꺼이 감수하라. 더구나 초보 독서가라면 이런 성의는 보여야 독서가 내 삶에 들어올 수 있다.

❸ 베스트셀러 코너는 패스하기

서점을 두 바퀴 정도 돌고 나면 아마 베스트셀러 코너로 발길을 돌릴

읽었으면 달라져야 진짜 독서

지 모른다. 어떤 집이 맛집인지 모를 때는 길게 줄 서 있는 가게로 들어가라는 행동준칙처럼 베스트셀러를 고르면 실패하지 않을 것 같다는 생각이 든다. 또한 주변에서 다 읽은 책일 텐데 나만 모르고 있다면 바보처럼 느껴질 수도 있다. 아무튼 여러 이유에서 우리는 베스트셀러 코너를 선호하는 경향이 있다.

그런데 여기에는 함정이 있다. 다수의 선택을 받은 책이 꼭 내게 맞으리라는 보장은 없다는 사실이다. 더욱이 갈수록 100만 부 베스트셀러는 탄생하기 힘들어지고 있다. 과거에는 100만 부, 200만 부를 팔아치운 책들이 존재했지만 이제는 1만 부만 팔려도 베스트셀러가 된다. 현대는 개성 추구의 시대다. 출판사들도 이를 알고 다수의 만족을 위한 책이 아니라 소수의 정확한 취향을 반영하려고 노력한다. 너에게는 즐거운 여정이 나에게는 기억하기 싫은 여정이 된다. 베스트셀러를 사지 말라는 얘기가 아니다. 베스트셀러라는 이유만으로 구입하지 말라는 말이다.

베스트셀러만 읽겠다는 것은 책을 선택하는 안목을 키우지 않겠다는 것과 같다. 결국 독서 스타일을 못 만들 확률이 높다. 독서 스타일이 생겼다는 말은 초급 독서를 면했다는 뜻이다. 시간 들인 만큼 나름 독서 기준이 생긴다. 서투르게나마 스스로 골라보거나 실패를 맛보면서 점차 나아지는 사람이 책을 고르는 안목도 갖게 된다. 시행착오이자 통과의례다.

❹ 필독서도 패스!

나도 한때는 학생들에게 서울대 필독서 100권이나 각 분야별 필독서를 권한 적이 있다. 하지만 시행착오를 거친 지금 더 이상 필독서를 권하지 않는다. 개인 레벨을 무시한 일방적인 필독서 추천은 무의미하다는 결론을 내렸다. 지금은 '맞춤'의 시대다. 개인의 처지에 맞는 추천도서만 있을 뿐이다. 지금도 학교에서는 필독서를 강요하고 있다. 하지만 학생들 간 간극은 점점 커지고 어휘력 역시 차이가 있다. 독서에 대한 흥미도 사람마다 다르다. 이를 무시하고 필독서를 앞세운다. 도저히 책에 흥미를 붙일 수 없는 분위기다.

❺ 서점 둘러보기

서점에 가면 분야별로 서가가 마련되어 있다. 필요한 분야로 가되 꼭 진열대만 고집할 필요는 없다. 분야도 마찬가지다. 꼭 실용서부터 읽을 필요는 없다. 문학 작품, 비문학 작품을 막론하고 현재 내 삶에 도움이 되겠다 싶은 분야면 된다. 책이란 '이쪽에서 저쪽 강으로 건너는 데 필요한 작은 배' 같은 역할이다. 장르에 구애받지 말고 내게 도움이 되는지만 따진다. 책들을 맛보기로 읽어보면서 내게 힘이나 정보, 노하우를 주는 텍스트를 찾는다. 간혹은 서가에서 우연히 발견한 책들

읽었으면 달라져야 진짜 독서

가운데 좋은 책을 만나는 기회도 있다. 숨어 있는 책을 발견하는 횟수가 늘어나면 독서에 자기 확신이 생긴다. 그 즐거움도 쏠쏠하다. 나에게 맞는 옷을 잘 고르는 것과 같은 이치이다.

❼ 본문 읽어보기

제목만 보고 사는 건 얼굴만 보고 결혼하는 것과 같다. 비추다. 어떤 책이든 직접 본문을 확인하고 구입해야 끝까지 읽을 힘도 생긴다. 이 때 꼭 읽으면 좋은 부분이 1) 표지 문구, 2) 표지 날개의 저자 소개, 3) 목차, 4) 서문, 5) 목차 가운데 흥미를 당기는 부분이나 앞부분 일부다. 추가하면 뒤표지도 읽으면 좋다. 출판사와 서점들이 조사한 결과 사람들이 구입에 앞서서 가장 많이 보는 곳이 이 부분들이었단다.

❽ 목차 살피기

한 권의 책에 담긴 콘텐츠 가운데 몇 퍼센트가 나에게 낯선 것일 때 독서 효과가 높을까? 비율로 계산해 본다면 알고 있는 게 60~70퍼센트, 알고 싶은 게 30~40퍼센트일 때 흥미를 돋우는 것 같다. 아는 게 100%라면 읽고 싶은 마음이 들지 않는다. 반면 모르는 게 100%

라면 가독성을 방해한다. 아는 것과 알고자 하는 것이 적당한 비율로 섞여 있어야 긴장감이 유지되고 텍스트에 빨려 들어갈 수 있다. 이를 위해 중요한 게 목차 살펴보기다. 목차를 보면서 내가 알고 싶은 내용이 어느 정도 섞여 있는지 확인한다.

읽었으면 달라져야 진짜 독서

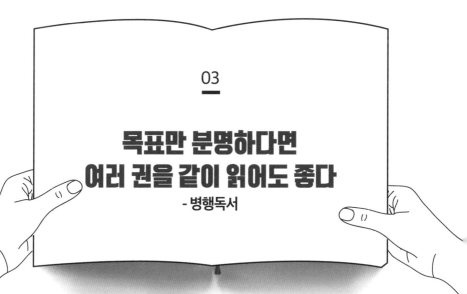

03

목표만 분명하다면
여러 권을 같이 읽어도 좋다
- 병행독서

북아메리카 원주민들에게는 '비전 퀘스트'라는 통과의례가 있다. 성인이 되기 위해 겪어야 하는 의식인데, '꿈을 요청하는 외침'이라는 뜻이다. 성인이 되기 위해 그들은 한증막 안에서 세이지 향으로 몸을 정화한 후 산 정상에 올라가 오랜 시간 명상을 한다. 며칠 동안 물도 끊은 채 침묵 속에서 자신이 누구인지 체험한다.

비전 퀘스트는 육체적으로 매우 고통스럽고 험난한 일이기도 하다. 하지만 그들은 통과의례를 거치며 삶에 대한 비전을 얻게 된다. '나는 누구인가'에 대한 답을 얻는다. 누구나 독립된 개체가 되기 위해서는 먼저 자신의 존재에 대한 확고한 신념이 선행되어야 한다. 그러나 이

해답은 바깥세상에서는 얻을 수 없다. 오직 자기 내면에서만 찾을 수 있다. 이 의식을 통해 그들은 새로운 눈으로 세상을 보기 시작한다.

독서 역시 비전 퀘스트와 유사한 역할을 한다. 자아탐색이라는 목표를 향해 오를 수 있는 사다리 역할을 한다. 이런 인식은 조선 후기의 과학자였던 최한기에게서도 엿볼 수 있다. 최한기는 지동설을 우리나라에 처음 소개한 사람이다. 그는 '세대별 공부론'에서 이렇게 주장했다.

"20대는 무엇이든지 탐색하라. 30대는 버릴 것은 버리고 취할 것은 취하라. 40대는 세계에서 얻은 바를 자아화하고 다시 세계화하는 절차를 밟으라. 50대는 새롭게 개척하지 말고 이미 이룬 바를 집대성하라."

비전 퀘스트와 최한기의 공부론은 '자아'나 '주체'라는 키워드를 공유하고 있다. 동시에 자아탐색에서 그치지 않고 자아실현으로 이어지고 있다는 점도 눈에 띈다. 비록 그 형태가 명상과 독서라는 차이가 있지만 동일한 목표, 동일한 과정을 밟고 있음을 알 수 있다.

독서 고수들이 지향하는 삶이 그렇다. 독립적이고 자유로운 영혼이, 독서가가 꿈꾸는 삶이다. 자유로움은 때로 불안으로 읽힐 수도 있다. 독립된 영혼은 세상을 고정형으로 이해하지 않고 역동적으로 움직이는 불안으로 바라본다. 최진석 저자 역시 〈인간이 그리는 무늬〉에서 '불안'이 세계의 진상이라고 말한다. 불안과 부정형성이 세계의 진상이고, 그것이 이치라고 설명한다. 그래서 진실은 고정된 세계인

읽었으면 달라져야 진짜 독서

이념에 있지 않고, 변화가 탄생하는 일상에 있다. 논리로 꽉 짜인 사념의 세계, 즉 저곳에 있지 않고, 활력이 넘치는 생의 세계, 즉 이곳에 있다고 한다. 저자에 따르면 불안정은 살아 있다는 증거이다. 그 불안정 속에서 우리 모두가 생명력 넘치는 자족적 존재임을 스스로 확인해야 하는 것이다. 여기서 자신에 대한 신뢰가 싹튼다. 그래야 자신을 사랑할 수 있게 된다. 저자는 자신에 대한 무한 신뢰, 자신에 대한 무한 사랑이 짧은 인생이 무한으로 팽창하는 첫 출발이 된다고 강조한다.

북아메리카 인디언의 비전 퀘스트와 최한기의 공부론, 그리고 최진석의 불안론은 그 이름이 다를 뿐, 우리가 거쳐야 하는 하나의 과정을 잘 보여준다. 나는 이것이 독서의 목표라고 생각하고 있으며, 이 방향만 잃지 않는다면 책은 동시 다발적으로 얼마든지 읽어도 좋다고 믿는다.

병행독서를 권함

한 권을 집요하게 집어 들고 책장을 덮는 것도 좋겠지만 병행독서를 해도 좋다. 몇 권의 책을 동시에 봐도 된다. 나의 경우 사무실, 작업실, 차, 집, 카페에서 읽는 책이 다르다. 때와 장소에 맞게 책을 선택하여 읽는다. 한 권의 책을 후딱 읽고 끝낼 것이 아니라면, 음미하여 읽을 것을 권한다. 읽는 동안 그 키워드를 화두로 삼을 수 있다. 그것에 대해 생각하는 시간을 갖는 일이다. 예를 들어 '말하기'에 관한 책을 읽는다면 자신의 말하기, 주변의 말하기, 설득력, 말하는 것이 삶에 미치는 영향 따위를 깊게 사유할 수 있다. 깨달음을 얻을 수 있는 계기를 마련한다.

책은 시공간의 분위기를 탄다. 동기부여가 되는 책이 있고 당장 읽어야 할 책도 있으며 마음을 차분하게 가라앉혀 주는 책도 있다. 읽던 책을 마저 읽을 때까지 기다리지 말고 각각의 공간에 맞는 책을 펼쳐 든다. 거실에서 읽는 책과 사무실에서 읽는 책은 다를 수 있다. 차 안에 읽는 책과 가방에 넣고 다니는 책이 달라도 좋다. 때로는 잠언서처럼 끼고 읽는 책이 따로 있어도 된다. 산만하게 보일 수도 있다. 그런데 책과 함께하는 일상이 더 중요하다.

딱딱한 책 사이에 가볍게 읽을 수 있는 책을 섞는 것도 묘미다. 진도 안 나가는 무거운 텍스트만 읽노라면 성취감을 못 느낄 수 있다. 이때 가벼운 텍스트를 읽어 뇌를 환기시킨다면 무거움과 가벼움이 독서의 리듬을 잡아준다. 또한 꼭 읽어야 할 업무 관련 도서와 쉽고 흥미로운 텍스트를 번갈아 읽는 것도 괜찮다. 책은 처음 읽을 때는 사유하는 독서로 진지하게 시간을 내야 하지만 두 번째 읽을 때부터는 밑줄 그은 부분 위주로 읽어도 된다. 체득되는 만큼 익숙함이 높아져서 보다 가벼운 책읽기를 할 수 있다.

또는 자기계발서, 에세이, 인문학, 직업 분야, 여행서 등 장르별로 섞

읽었으면 달라져야 진짜 독서

어도 된다. 휴가를 가기 위한 여행서를 섞으면 왠지 기분이 고양된다. 무거운 인문과 고전을 섞어도 된다. 직업 분야 책을 읽을 때는 자기계 발서와 함께 읽으면 정신력을 강화할 수 있다. 자기계발서가 정신력에 지렛대 역할을 해주기도 한다.

못 읽고 지나친 명작이 있다면 어떨까. 지난 시간에 읽어야 할 것을 다 읽고 세대를 건너왔다면 다행이겠지만 시간관계상 그러지 못했다 면 병행독서를 할 수도 있다. 현재 읽어야 할 책과 미련이 남은 책을 적절하게 섞는다. 당장 삶에 도움은 안 되더라도 자신에게 철학적인 질문들을 던지는 책이라면 늦게라도 봐야 한다. 어느 순간 '유레카'를 외칠지 모른다. 긴급순위 독서와 중요순위 독서를 적절하게 섞는다.

04

독서를 할 때는 펜을 들자
- 내 삶에 체화시키기

책을 눈으로 훑는 것보다 오감으로 만나면 어떨까. 작가들의 경우 필사를 한다. 손으로 기억하자는 의미에서다. 필사는 몸이 기억하는 일로 나도 모르게 작가의 문체와 닮아간다. 자신도 모르게 문장 쓰는 일이 수월해진다. 필사로 문장력을 향상시킨 작가들이 많다는 것은 그만큼 효과가 크다는 것을 증명한다. 하루 5시간씩 3년간 필사한 지인 문우가 있었다. 바쁜 직업 생활 중에도 시간 날 때마다 3년간 필사하더니 문학상을 받는 쾌거를 이루었다. 필사가 위력을 발휘한 것이다.

독서 역시 메모로부터 텍스트 체화에 도움을 받을 수 있다. 책은 사

읽었으면 달라져야 진짜 독서

유의 보물창고다. 읽다 보면 지금 겪고 있는 문제에 대한 답을 구할 수 있다. 책의 지혜를 얼마나 가져다 쓰느냐의 몫은 독자에게 남았다. 책의 메시지를 내 일상에 대입할 수만 있다면 텍스트는 좀 지저분해져도 좋다. 독서라는 게 저자의 생각을 내 일상에 옮겨 심는 일이라면 줄긋고 동그라미 치고 별표하거나 기타 기호로 책을 노트처럼 활용하는 것은 꺾꽂이하는 구체적 방법이 된다.

독서가로 유명한 마오쩌둥은 여러 가지 독서법을 갖고 있었다. 그 중에 '삼복사온' 독서법이 있는데 '세 번 반복하여 읽고 네 번 익히는 것'이다. 또한 '표기 독서법'도 있다. 독서 후에 책 표지에 읽은 횟수만큼 동그라미 따위의 기호를 그려 넣거나 책 속에 읽은 날짜와 시간을 적어두는 방법이다. 특히 고전이나 명저의 경우 책 표지에 네댓 개가 넘는 동그라미를 쳤다. 본문에도 선, 밑줄, 동그라미나 삼각형, 점, 물음표 등의 각종 기호가 표시되어 있다. 그가 애독한 책은 17번 넘게 읽었다.

또한 마오쩌둥은 '기록 독서법'을 강조했는데 '붓을 들어 글을 쓰지 않는 독서는 독서가 아니다.'라는 원칙에 따라 요점을 정리하는 방법이다. 더불어 정확하지 않은 문장이나 오탈자 등은 직접 고쳐 쓴 '교정 독서법'도 있었다. 마오쩌둥은 스스로 다양한 독서법을 만들고 실천했는데 그 핵심은 역시 몸으로 기억하기, 즉 체화에 있었다.

의미재구성이 없으면 독서는 내 것이 되지 않는다.

텍스트는 여전히 저자의 것이고 난 들러리로 남는다.

체화를 위한 도구

체화를 위한 도구가 있다. 펜이다. 펜은 의미재구성을 위한 3단계 과정에서 중요한 역할을 한다.

1단계 '펜'을 들고 밑줄을 긋는다. 공감되는 부분, 자극되는 부분, 새로 알게 된 부분, 감동받은 부분, 낯선 부분, 배울 만한 부분을 만나면 펜이 움직일 시간이다. 이 과정은 줄긋는 행위를 통해 내 인식의 문에 노크하는 단계다. 알고 있었던 것들에 확신을 주거나 균열을 일으키거나 또는 새로운 자극에 눈 뜨는 일이다. 노크 소리를 들은 우리 뇌는 비로소 새로움을 받아들일 준비를 한다.

2단계 '펜'을 들고 책의 여백에 메모하기다. 이때 메모는 문장보다 단어에 가깝다. 주로 키워드들이다. 문득 스쳐갈 영감을 붙잡는다. 생각은 붙잡아야 뇌리에 남는다. 그렇지 않으면 사라지고 만다. 펜은 나의 부족한 메모리를 도와 사유를 붙잡는 데 큰 역할을 한다. 찰나의 생각이 떠오르면 펜을 쥔 손에 힘을 주자. 그 메모는 내 삶과 어떤 식으로든 연동된다.

3단계 '칼라 펜'을 들고 문장을 칠하며 되풀이해서 읽기다. 읽을 때마다 형형색색 칼라가 추가된다. 마치 물감을 덧칠하여 하나의 그림을 완성하는 유화처럼 당신이 손에 든 칼라 펜은 그 색깔이 바뀔 때마다 뭔가 완성되어 간다는 느낌을 줄 것이다.

그런 의미에서 칼라 펜 덧칠은, 책을 떠나보내기 전에 치르는 의식이 된다. 문장이 체화되었다면 책은 더 이상 필요 없다. 떠나보내야 한다. 모든 책에는 다 때가 있다. 나중에 다시 읽겠다는 건 없다. 대신 떠나보내기 전에 반복 독서를 통해 몸에 각인시킨다. 의미재구성 독서법에서 반복 독서는 핵심이다. 다시 읽을 때마다 새로운 칼라 펜이 덧입혀지는 사이, 낯선 문장은 낯익은 문장으로 변한다. 책을 깨끗이 읽어야 한다는 고정관념만 버리면 '책의 노트화'가 가능하다.

이밖에도 펜의 용도는 많다. 진도를 빼기 위해 빨리 넘어가야 할 부분에는 × 표시를 하기도 하고, 삭제해야 할 군더더기 텍스트에는 돼지꼬리를 달기도 한다. 맞춤법이 틀리면 교정을 하기도 하고 가끔 딴 길로 새는 텍스트에 대해서는 박스를 치기도 한다. 아무리 사소한 흔적이라도 책의 노트화는 체화를 돕는다. 아울러 깨끗한 면지도 별로 없다. 반드시 어떤 식으로든 재구성을 해본다.

시간이 느리게 흐르는 곳이 체화에 적합한 공간

펜과 더불어 체화에 도움이 되는 팁 하나를 소개한다. 책을 읽는 장소에 대한 이야기다.

〈작가의 공간〉의 저자 에릭 메이젤은 수많은 작가들은 파리에서 몇 달만 살면서 글 쓰는 것이 꿈이라고 말한다. 작가들은 그곳에서는 다른 종류의 시간을 체험할 것이라고 믿기 때문이다. 파리의 '카페의 시간'이다. 그곳에 가면 외적으로나 내적으로 시간이 느리게 흐를 것만 같다. 저자는 자신이 만난 파리의 '카페의 시간'에 대해 이렇게 말한다.

"파리의 카페에선 어느 순간 조용히 시간 속으로 침잠해 들어갈 수 있다. 강한 규율 때문도, 본인의 의지 때문도 아니고 유럽의 카페문화가 '잠깐 멈춤'을 완전히 허하기 때문이다. 일단 카페의 종업원이 무언의 허락을 해준다. 커다란 몸짓으로 신호를 보내거나 굵은 목소리로 부르지 않는 한 그들은 손님에게 다가오지 않는다. 대신, 더블 에스프레소 잔을 만지작거리며 시간을 천천히 흘려보내면서 명상의 단계로 들어가는 손님을 존중할 줄 안다. 이 세상에서 지금 이 일보다 더 중요한 건 없다고 가정할 줄 안다. 그리고 이러한 손님이 게으르거나 빈둥거리는 사람이라곤 단 1초도 생각하지 않는다. 유럽의 종업원들은 그런 식의 판단은 하지 않는다."

그야말로 느림의 미학, 멈춤의 미학이다. 나 역시 특정 공간과 특정 시간에 느림과 멈춤을 경험한다.

어디 작가뿐이랴, 일상을 살아가는 모든 사람들이 에너지 고갈을 느낀다. 이때 사람마다 힘이 되는 게 있다. 나에게는 책이 힘이 된다. 그 책의 문장이 내게 오는 그런 공간과 시간이 있다. 그곳에서 시간은

읽었으면 달라져야 진짜 독서

슬로 모션으로 흐를 수 있다. 아니면 멈춰버릴 수도 있다. 읽는 가운데 나는 세상을 만나고 우주를 만나고 타인을 만난다. 그러니 절대 외롭지 않다. 매일 힘이 되는 공간에서 책을 읽을 때, 내면이 단단하게 차오르는 것을 느낀다. 당신에게도 '파리의 시간'이 찾아오길 기대하며 질문을 던진다.

Q. 나에게 파리 카페의 시간을 만끽하게 해주는 곳은 어디인가?

Q. 작업자의 공간에 대해 어떤 의미를 부여할 수 있는가?

Q. 나는 '잠깐 멈춤'을 허락하는 글쓰기를 하고 있는가?

05

책을 꼭꼭 씹어 읽자
- 숙독

독서를 비롯한 배움은 늘 지(知)와 행(行)으로 구성된다. 지(知)만 있고, 행(行)이 없다면 그건 반쪽짜리 배움에 불과하다. 그러나 안타깝게도 지(知)에서 행(行)에 이르는 길은 너무 멀기만 하다.

삶의 판을 바꾸기 위해서는 지(知)와 행(行) 사이에 사다리가 필요하다. 의미재구성법으로 의식에 균열을 가하고 여러 번 체화 절차를 거쳐야 하는 이유다. 이제 당신의 손에는 책과 함께 펜이 들려 있을 것이며, 또 당신은 잠시 멈춤의 공간에 머물러 있을 것이다. 이제 책을 읽을 시간이다. 어떻게 읽을까? 의미재구성의 효과를 가장 높일 수 있는 방법은 책을 꼭꼭 씹어 읽는 방법, 즉 숙독이다.

읽었으면 달라져야 진짜 독서

숙독은 퇴계의 독서방법이기도 했다. 그냥 책만 깊게 읽는 것이 아니라 철학과 수양이 동반된다. 그의 제자 김성일은 이렇게 기록했다.

"독서하는 방법으로 가장 좋은 것은 숙독이다. 글을 읽는 사람이 비록 글의 뜻을 알고 있어도 곧 잊어버리게 되는 까닭은 숙독하지 않기 때문이다. 그리고 독서는 '조용히 앉아 마음을 편안히 맑게 해서 하늘의 이치를 몸소 알아낸다.'는 자세가 중요하다. 그리하여 더욱 중요한 일은 반드시 성현의 말과 행실을 본받아 조용히 찾고 가만히 익힌 다음에 학문으로 나가야 공적이 길러질 수 있을 것이다. 만일 지나치거나 예사로이 외우기만 할 뿐이라면 이것은 문장만을 익히는 제일 좋지 못한 방법이니 비록 글을 천 편 외우고 머리가 희도록 경전을 이야기한들 무슨 도움이 되겠는가."

숙독은 정독 + 사유 + 체화로 구성된다. 사유의 도구는 펜과 메모였고, 또 자문자답 Q&A였다. 체화의 도구는 칼라 펜과 반복 읽기였다. 그 구성 내용이 무엇이든 책읽기는 단순히 독해 차원에서 그쳐서는 곤란하다는 게 핵심이다. 꼭꼭 씹는 과정 없이 빨리 삼키는 데 급급하다 보면 내 머리에, 내 몸에 아무런 자극, 아무런 흔적이 남지 않는다.

자극은 지에서 행으로 이행하는 데 중요한 포인트가 된다. 자극이 삶의 각도를 조정하게 만들기 때문이다. 나는 그 자극의 과정 중에 생물처럼 진화하는 자아가 있다고 믿는다. 프랙탈처럼 진화하는 과정과 메모는 그 궤를 같이 한다. 반복 독서에 따라 형형색색 칼라 펜이 덧입혀질수록 나는 점점 고등생물로 진화한다. 책이 지저분해질수록 흔적은 내 삶에 깊이 침투하며 나를 지에서 행으로 이양시킨다. 책은 가급적 빌려보지 않기를 권한다. 숙독을 위해서는 책에 펜을 대야 하기 때문이다.

독서가 적극적인 사고 행위가 되지 못하면
아무런 변화도 만들어낼 수 없다.

작가는 일방적으로 텍스트를 전달하고 독자는 주는 대로 받는 입장이 아니다. 의미재구성 독서법은 텍스트에 내 사유를 더하는 일이다. 그러니 책 전체가 아니더라도 의미재구성이 꼭 이루어져야 한다. '저자는 이렇게 생각했지만 나는 이렇게 생각한다'도 좋다. 또는 제3의 의견이 돌출되는 것도 좋다. 모두 적극적인 독서 행위다.

저자와 수평적인 입장에서 만나는 것이 의미재구성 독서법이다. 삶과의 연동은 독자와 저자가 수평적 관계일 때 생긴다. 숙독이야말로 주체로서 사유력을 키우는 일에 해당된다. 저자와 나 사이에 접속이 강하게 일어날수록, 내 현실과 공감력이 높을수록 동기부여도 강하다. 전혀 연관 없는 책이라면 의미재구성이 잘 이루어지지 않을 것이다.

텍스트를 나와 연관시키지 못한다면 그 어떤 독서법도 소용없다. 단 한 문장이라도 내 삶에 들어와 물음표와 느낌표를 던져야 한다. 내

읽었으면 달라져야 진짜 독서

면 체화가 되어야 더 단단한 내공으로 자리 잡을 수 있다. 또한 철학도 생긴다. 저자의 사유와 내 사유가 진공묘유로 빚어진다. 책은 한 세계와의 만남이다. 책으로써 우리는 저자와 마주할 수 있다. 짧은 시간, 그런 황홀경을 자주 만난다면 인식의 지평이 차츰 달라질 것이다.

정독을 통한 사유력은 삶의 진화를 돕는다. 세계의 풍경은 시시각각 변한다. 주체로서의 삶은 사유가 8할을 차지한다. 종이 책이 좋은 이유가 뭘까. 흔적 남기기로 적극적인 사유를 불러일으킬 수 있다는 데 있다. 전자책이 대신할 수 없는 '종이'라는 가치가 분명 있다.

사유하는 힘을 키워주는 책들을 권함

바타이유, 벤야민, 비트겐슈타인, 들뢰즈, 바디우…… 이들은 우리 시대에 꼭 만나야 할 철학자들이다. 이들이 말하고자 하는 핵심을 안다면 삶에서 현대 철학이 유용하게 쓰일 수 있다. 보다 깊은 사유로 전환된다. 하지만 읽기는 만만치 않다. 빈약한 배경지식 때문에 한 페이지를 읽는 데 시간이 좀 걸린다. 저자가 친절하게 풀이를 해준다고 한들 현대 철학은 기본적인 배경지식이 있어야 한다. 숙독을 하고 싶어도 텍스트 자체가 이해 곤란이다. 이럴 때는 어떻게 할까?

강신주 저자는 〈철학적 시 읽기의 즐거움〉에서 현대 철학자 21명과 현대 시인 21명을 함께 연결해 놓았다. '비트겐슈타인과 기형도'를 통해 언어에는 뼈가 있다는 사실, '아렌트와 김남주'를 통해 사유는 곧 의무라는 판단, '알튀세르와 강은교'를 통해 새로운 연대의 가능성, '니체와 황동규'를 통해 망각의 지혜, '푸코와 김수영'을 통해 자발적 복종의 무서움, '고진과 도종환'을 통해 타자로의 비약이 지닌 신비, '하이데거와 김춘수'를 통해 존재와 인간 사이의 관계가 드러난다. 또한 '들뢰즈와 최두석'을 통해 마주침과 주름의 논리, '바디우와 황지우'를 통해 사랑의 내석 구조를 보여준다.

　이런 책들이 있다. 시를 통해 철학으로 진입할 수 있는 길을 열어주는 책들이 있다. 당장 숙독이 어렵다면 타인의 사유를 따라 읽을 수 있는 친절한 책을 접하는 것이 좋은 방법이다. 강신주를 천천히 따라 읽으며 시와 철학의 세계로 들어가 보자. 책을 통해 사유하는 방법을 익혀보자.

읽었으면 달라져야 진짜 독서

06

키워드를 따라 사유를 넓히자
- 리좀(rhizome)

〈브리꼴레르〉에서 유영만 교수는 어느 하나를 선택하기 어려운 딜레마에서 자유로워지는 방법은 하나를 포기하고 다른 것을 선택하는 방식에서 벗어나 새로운 남다름을 창조하는 것에 있다고 했다. 그 방법론으로 리좀(rhizome)적인 사유를 추천한다. 리좀이란 생물학에서 수평으로 뻗어나가는 뿌리줄기를 지칭하는 말로, 자유롭게 뻗어나가면서 새로운 지식을 탄생시키는 사고방식을 뜻한다.

리좀의 핵심원리는 다양한 이질적인 것들과의 접속에 있다. 하나의 특징이나 기준으로 포섭되지 않고 다양성을 존중하면서 부단한 접속을 시도한다. 리좀의 세계에서는 중심과 주변의 구분이 무의미하다.

어떤 분야든 자신이 중심뿌리라는 주장은 인정되지 않으며, 모두 덩이줄기로서 리좀이 될 뿐이다. 각각의 덩이줄기들은 다른 영역들과의 관계맺음 방식에 따라 각자 의미와 가치를 갖는다.

리좀은 비체계나 무체계가 아니라 중심을 거부하는 탈중심화된 체계를 말한다. 그래서 하나의 방향으로 편향되지 않고 다양한 방향으로 무한히 뻗어나가는 개방적 체계다. 인접 유관 분야의 전문성과 다양한 접속을 시도하면서 기존과 다른 전문성을 부단히 창조하는 가변적 체계인 것이다. 저자가 말하는 브리꼴레르 역시 다른 분야와의 관계에 따라, 접속한 이웃과의 관계에 따라 그 본질이 달라진다. 그런 의미에서 브리꼴레르는 기존 전문분야를 끊임없이 탈영토화하고 새로운 맥락 속에 재영토화하는 작업을 통해 새로운 분야로 탈주하기를 반복하는 유목적 지식인을 말한다. 유영만 저자도 지식의 세계에서는 그러하다.

21세기 인재상은 창조적 접속이 끊임없이 이루어지는 사람이라고 볼 수 있다. 우연한 접속들의 향연은 마치 뫼비우스의 띠처럼 시작도 없고 끝도 없다. 안과 밖도 구분되지 않는 상태에서 순환하며 이어진다. 리좀은 갈 곳을 정해놓지 않고 내일의 접속대상을 찾아 중단 없이 이동하는데, 여기와 저기, 이 세상과 저 세상, 하나의 분야와 다른 분야 사이에 존재하는 중간이다. 그 사이에서 경계를 넘나든다.

하나의 개념과 이론에 머무르지 않고 또 다른 개념 찾아 접목을 시도하고, 접목을 통해 탄생한 개념을 깊이 파고들어 기존 개념을 심화

읽었으면 달라져야 진짜 독서

시키고 널리 확장해 또 다른 개념과의 접목을 시도한다. 한마디로 끊임없는 연속 접목을 통해 새로운 개념을 생산해 내고 낯선 지식을 융합해내는 부단한 창작과정을 일컫는다. 그 과정은 마침표를 부정하고 언제나 다시 시작하기에 영원한 미완성이라고 볼 수 있다.

부단한 접속을 시도하는 독서 역시 리좀적이다.
자유롭게 뻗어나가면서 새로운 지식을 탄생시킬 수 있다.

리좀이라는 키워드의 확장

그런데 리좀의 뿌리는 들뢰즈에게서 발견된다. 푸코는 들뢰즈와 가타리의 사유가 21세기 전반을 지배할 것이라고 예언했다.

들뢰즈의 사유는 경제와 정치, 사회영역뿐 아니라 예술 분야에도 큰 영향을 미치고 있다. 건축을 비롯한 여러 분야에서 다양한 실험들이 진행되고 있다. 들뢰즈는 〈천 개의 고원〉에서 나무 형식과 리좀 형식의 비유를 들어 '존재는 오로지 차이에 속한다.'라고 말했다.

김해완 저자는 〈천 개의 고원〉을 정독한 후에 그것을 바탕으로 〈리좀, 나의 삶 나의 글〉을 썼다. 〈천 개의 고원〉은 어렵기로 악명 높은 책이고 처음 읽어보는 철학 책이라 긴장을 했단다. 처음 책을 펴볼 때는 외계어를 대하는 기분이었다. 일주일에 한 챕터씩, 꼬박 15주 동안 읽어나갔다. 매 챕터마다 3번 이상 읽고 노트정리까지 해야 이미지 하나가 겨우 잡혔다. 그것도 잘못 짚은 경우가 태반이었다. 그런데 이 모든 과정이 전혀 힘들지 않았던 것은 책이 너무 재미있었기 때문이다. 책의 개념들이 뿜어내는 강렬한 에너지만큼은 확실하게 느낄 수 있었다. 게다가 뭔가 직감적으로 촉도 섰다. 이 책이 지금껏 고민하던 문제들을 타파해줄지도 모른다는 생각이 든 것이다.

그것은 지금까지 삶과 세상을 바라보던 시선을, 즉 '인식패턴'을 바꾸는 것이었다. 순간이 가져다주는 놀라움 때문에 김해완 저자는 책 읽기를 멈출 수 없었다. 철학은 절대 관념의 영역에만 해당되는 게 아니라 오히려 삶에 직접 써먹을 수 있는 실용적인 기술이었다. 그는 이전과는 '다른' 관점에서 사물을 바라보게 되었고 '다른' 방식으로 생각을 진척시켜보게 되었다. 〈천 개의 고원〉을 읽기 전과 후의 삶에는 많은 차이가 있었기 때문이다.

이처럼 들뢰즈의 리좀은 지식생태학자 유영만 교수와 김해완의 사유를 거쳐 재탄생한다. 하나의 키워드가 단순 소비자를 거부하는 사람들을 통해 새로운 얼굴로 세상에 등장하는 것이다.

리좀은 그 자체로 창조적 사유를 의미하는 단어다. 내가 말하고 싶은 독서도 리좀과 매우 닮아 있다. 예컨대 리좀처럼 독서는 저자의 생각을 수동적으로 받아들이는 주입과정이 아니라 능동적 사유를 불러일으키는 창조과정이다. 책은 텔레비전, 영화, 드라마처럼 아무 생각 없이 봐도 되는 것이 아니다. 독서는 적극적인 인식 행위로 접속을 통해 새로운 개념, 새로운 기획을 생산해낸다. 저자와 나 사이 경계를 훌쩍 넘어 창조가 빚어진다. 자주 접속을 시도하다 보면 뇌에서 활발한 통합 작용이 일어나는데 아웃풋을 위한 체화 작업이라고 볼 수 있다.

나는 면지에 리좀의 일종인 재구성 작업을 자주 한다. 핵심 키워드를 적어나가며 부단한 접속을 시도해본다. 단상을 마인드맵으로 그려보기도 하는데, 의미재구성은 이런 식으로 뻗어나갈 수 있다. 부단한 접속으로 의미를 창출해나가는 것이다. 그 과정에서 나만의 고유명사가 탄생된다. 신조어를 만들어내는 것도 의미재구성의 한 과정이다.

이와 동시에 '리좀'의 사례는 우리에게 한 가지 중요한 힌트를 준다. 리좀이라는 키워드가 이렇게 파생되고 있는 것처럼 우리 역시 독서를 통해 얻은 하나의 키워드를 따라 책을 볼 수 있다는 것이다. 이렇게 키워드 중심의 독서를 하게 되면 한 권의 책이 지닌 개념을 뛰어넘을 수 있을 뿐 아니라 여러 저자들의 사유방식도 읽을 수 있게 되고, 나아가 다양한 개념을 접목하는 과정에서 나만의 개념을 만들 수도 있다. 그 개념에 이름을 붙여주면 그게 신조어가 된다. 키워드 중심의 책읽기를 하다 보면 이런 생산력을 갖게 된다.

물론 읽기만 하다고 되는 건 아니다. 생산은 의미재구성으로부터 만들어진다. 독서 고수들은 한 분야에서만큼은 생산성을 가진다는 희열이 있다. 우리는 살던 대로 살려고 책을 읽지 않는다. 조금이라도 어제와 달라진 오늘을 살고 싶다는 마음에서 텍스트와 마주 대한다. 리좀과 같은 진화를 계속 해나갈 수 있다.

한 권의 책 안에 머물지 않기를 바란다. 저자에게 중요한 키워드는 한 권의 책을 떠나 다른 책과 연결될 수 있고, 또 책 밖으로 이동할 수 있다. 우리는 줄거리나 알려고 책을 읽지 않는다. 가성비 높은 인생은 부단한 접속을 통해 남다름을 창조하는 데 있다. 부단한 접속을 시도하는 것에 익숙해지는 독서 고수들, 이들은 자유롭게 뻗어나가면서 새로운 지식을 탄생시키고 있다. 독서의 세계는 가히 리좀적이다. 키워드를 잡아라.

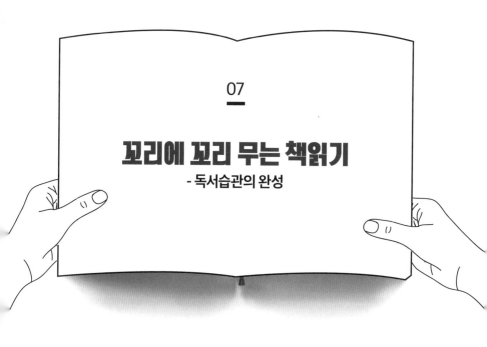

꼬리에 꼬리 무는 책읽기
- 독서습관의 완성

"5백 권의 책을 읽지 않고는 소설을 쓰려고 펜을 들지 말라."

조정래 작가는 〈황홀한 글감옥〉에서 이렇게 말했다. 그 5백 권의 책이란 세계문학전집 1백 권, 한국문학전집 1백 권, 중·단편 소설집 1백권, 시집 1백 권, 기타 역사·사회학 서적 1백 권을 말한다. 그것도 한차례씩만 읽고 말 것이 아니라 5년 주기로 되풀이하여 읽으면 그보다 더 좋을 것이 없단다. 그때그때 발간되는 신간을 골라 읽는 건 기본이다. 이렇게 해야 펜을 들 수 있다고 그는 말한다. 재능을 타고났다면 누구나 한두 편의 소설은 쓸 수 있지만 열 편, 스무 편까지 쓰기어렵다.

조정래 작가는 소설가의 생애를 네 단계 정도로 구분한다.

"첫 번째는, 소설가가 되는 입문의 단계이다. 두 번째는, 소설가로서의 역량을 확실하게 인정받는 입신의 단계이다. 세 번째는, 새 작품을 기다리는 확고한 독자층이 구축된 성숙의 단계이다. 네 번째는, 부동의 사회적 위치가 굳어진 결실의 단계이다."

이러한 네 단계까지 이르는 데는 대강 40여 년 넘는 세월이 걸린다. 작품도 중·단편, 장편을 합해 2백여 편 이상을 써야 하는데, 50여 권도 못 읽고 등단하거나 자만에 빠져 계속 책읽기를 게을리 한다면 그 작가는 몇 단계에서 멈추게 될까. 네 단계까지 오르고 싶다면 500권은 기본적으로 읽어야 한다는 것이 그의 주장이다. 그의 눈에 중도 탈락하는 작가들이 얼마나 많이 보였겠는가.

책 한 권을 쓰더라도 수십 권의 비교, 분석이 있어야 한다. 최소한 하나의 키워드에 대해 여러 권을 읽다 보면 조금씩 안목이 생겨난다. 저자마다의 차이점과 공통점을 발견할 수 있다. 안목은 시간과 열정의 투자만큼 만들어진다. 독서 MD의 추천을 받을 수 있겠지만 단발성 아닌 지속적인 독서를 추천한다. 지적 세계에 대한 입문인 것이다. 온라인 서점에서 하나의 키워드를 치면 줄줄이 관련 책이 뜬다. 온라인 서점에서 검색하고 오프라인 서점에서 구입하는 것도 하나의 방법론이 된다.

고 김대중 대통령은 책에 대한 욕심이 많았다. 토론을 즐기고 책을 선물하는 것도 좋아했다. 다양한 종류의 책을 꼼꼼히 읽는 습관도 있

읽었으면 달라져야 진짜 독서

었다. 이발소에서도 차 안에서도 장소에 상관없이 읽었다. 그리고 메모를 즐겨 하였다. 애서가여서 많은 책을 소장했기에 청와대에 갈 때도 트럭 두 대분의 책이 함께 들어갔다고 한다. 젊었을 때부터 어느 곳을 가든지 책을 들고 다녔고 어디서든 조금이라도 시간이 나면 책을 펼쳐 들었다.

또한 경제, 역사, 정치, 신학, 철학, 문학 등의 책을 동서양의 두 분야에 걸쳐 읽었다. 가장 크게 영향을 준 책은 토인비의 〈역사의 연구〉였다. 14권으로 구성된 이 책을 통해 그는 시련을 이기는 힘을 길렀다. 그 책이 인류 역사의 파노라마를 파악하게 했고 '도전과 응전'에 의해 움직이는 역사 발전의 법칙을 깨달을 수 있게 했다. 그리고 그 깨달음은 정치 여정에 많은 숙제를 남겼다. 그는 책읽기가 습관이 되어 노력하지 않아도 되는 단계에 이른 것이다.

꼬리 물기 독서

마쓰오카 세이고는 독서를 '대단한 행위'라든가 '숭고한 작업'이라는 식으로 너무 지나치게 생각하지 말라고 조언한다. 매일 일상생활에서 하는 다른 행동들처럼 그냥 가볍게 받아들이는 것이 좋다는 것이다. 나 역시 그러한 입장이다. 책은 취향, 패션과 같은 것이라고 본다. 독서는 특별한 행위가 아니다. 커피 한 잔 마시는 것, 쉬는 시간 멍 때리는 것, 잠깐 SNS 소통하는 것, 누군가와 통화하거나 TV 보는 것, 간식을 먹는 것과 같은 일상이다.

책읽기가 일상이 되기 위해서는 무엇이 필요할까? 마쓰오카 세이고는 획일적 책읽기의 위험성을 경고한다. 다양한 패션을 편집하여 자기만의 스타일로 연출하는 것처럼 책도 얼마든지 자기만의 스타일을 만들어 갈 수 있다.

마쓰오카 세이고는 리터러시(literacy), 즉 읽고 쓰는 능력은 오늘날 대부분의 사람이 갖추고 있기에 책도 편하게 대하는 것이 좋다고 강조한다. 특히 책을 읽다보면 수많은 책과 네트워크해 나갈 가능성을 가진, 빛을 발하고 있는 한 권을 반드시 만나게 되는데, 그는 그것을 '열쇠 책', 즉 '키 북'이라고 부른다. 꼬리 물기 독서는 이러한 '키 북'을 기본으로 뻗어 나갈 수 있다는 이야기다.

키 북은 지적 화약고 같은 것이다.

한 권의 책에는 반드시 읽고 싶은 다음 책이 연결된다. 저자에게 반하였든 하나의 키워드를 지속적으로 읽어나가든 다음 도서는 연결되게 된다. 좋은 책을 추천받을 수 있는 모임에 들어가는 것도 괜찮다. 하나의 자극이 될 수 있다. 추천 멘토 한 명을 만나게 되면 '책과 함께하는 삶'이라는 세계가 나에게 들어온다. 나만의 스타일을 만드는 데 조력을 받을 수 있다. 책의 세계에 빠지기 쉬운 방법은 책 읽는 지인을 가까이 두는 일이다. 추천받아 읽고 독서 리뷰를 함께 나눌 수 있다. 이성이든 동성이든 독서 세계에 접어든 지인으로부터 책을 추천받고 리뷰를 나눈다. 읽는 것이야 내 의지의 문제지만 추천은 다르다.

여러 권의 책을 조합해 가면서 동시에 읽어도 좋다. 책을 너무 진지하게 받아들일 필요가 없다. 독서 습관이 들기 전까지만 열정을 들이면 된다. 어느 세계든 입문하게 되면 초급, 중급, 고급의 단계를 거친다. 노력하지 않아도 자연스러운 단계가 될 때까지는 물리적인 시간이든, 에너지든 투자가 필요하다. 독서는 목표를 설정하지 않고도 그 자체로써 빛난다. 시간이 없어 더 못 읽을 뿐이다.

작가가 되기 위해서든 독서 습관을 들이기 위해서든 꼬리 물기 독서는 매우 중요하다. 키워드 중심으로 읽는 것도 꼬리 물기 독서에서 핵심이 된다. 그런데 무엇보다 지속적인 독서 행위를 유지하도록 만드는 힘은 지적 호기심에서 나온다. 조정래 작가나 김대중 전 대통령과 같은 독서가들이 무엇이 되기 위해 책을 읽었다고 생각지 않는다. 그들은 알고 싶었고, 궁금했다. 그래서 읽었다. 그게 전부다.

4장

독서 초보 탈출을 위한
도움말

− 진일보를 위한 8가지 키워드

01

사유 :
내가 책을 읽는 이유

사유란 하나에 집중한다는 뜻

〈원씽(One Thing)〉에서 저자는 '혹 나의 꿈이 아닌 누군가의 꿈을 이뤄주기 위해 소중한 하루를 희생하지 않았는가? 지금 하고 있는 일이 인생의 원씽에 이르기 위한 도미노 블록 중 하나인가?'를 묻는다. 저자 게리 켈러와 제이 파파산은 우리에게 주어진 시간과 에너지는 한정되어 있어 그것을 너무 넓게 펼치려 애쓰다 보면 노력은 종잇장처럼 얇아지게 된다고 경고한다.

　사람들은 일의 양에 따라 성과가 점점 더 쌓이기를 바라는데, 그렇게 하려면 더하기가 아닌 빼기가 필요하다. 더 큰 효과를 얻고 싶다면 일의 가짓수를 줄여야 한다는 의미에서 저자는 '원씽'을 강조한다. 왜 일까? 훌륭한 성공은 동시다발적으로 일어나는 것이 아니라 순차적으로 일어나기에 올바른 결정을 내리고, 다음에 또 한 가지 올바른 결정을 내릴 때 이것들이 쌓이면서 성공의 잠재력이 봇물 터지듯 발산된다는 것이다. 이런 일이 반복적으로 일어나면 최고 수준의 성공을 향해 움직일 수 있다.

연구원들은 262명의 학생들에게 설문지를 주고 얼마나 자주 멀티태스킹을 하는지 알아보았다. 그런 다음 멀티태스킹을 자주 하는 그룹과 못하는 그룹, 둘로 나누고 실험을 진행했다. 그런데 멀티태스킹을 잘하는 사람들은 오히려 관련 없는 일에 푹 빠져 쓸데없는 시간을 보내는 것이 관찰되었다. 그들의 성과는 모든 면에서 뒤떨어졌다. 그들 스스로나 세상 사람들이 보기에 멀티태스킹 능력이 매우 뛰어난 것 같았지만 거기에는 문제가 있었다. 멀티태스킹이란 허상이었던 것이다.

내가 다중지능을 통해 알게 된 것 역시 '선택과 집중'이라는 키워드다. 우수하지만 의외로 결실을 못 거두는 사람들이 많다는 것을 알았다. 능력이 우수할수록 다양한 선택을 하고 한 가지에 집중하지 못했다. 결국 멀티태스킹이라는 허상에 매몰된다. 시작은 장대하지만 결실은 빈곤했다. 그러다 또 다른 시작을 붙잡는다. 결국 사방으로 에너지가 분산되다 보니 집중력이 약해진다. 어느 분야든 결실까지는 한 우물을 파는 열정이 필요하다. 시간의 밀도를 무시할 수 없다. 결실을 보려면 '원씽'에 대한 개념이 있어야 한다. 하나에 집중하는 것, 그것이 사유를 가능케 하는 힘이자 사유를 통해 결실을 이끌어내는 방법이다.

사유가 피어나는 장소

스페인 투우장 한쪽에는 사람들에게 보이지 않지만 소가 안전하다고 느끼는 곳이 있다. 투우사와 싸우다 지친 소는 자신이 정한 그 장소에 가서 숨을 고른다. 기운을 되찾아 계속 싸우기 위해서다. 그곳에서 소는 더 이상 두렵지 않다. 소만 아는 그 자리를 스페인어로 '퀘렌시아(Querencia)'라고 부른다. 안식처, 피난처라는 의미이다. 이는 회복의 장소라고 할 수 있다. 세상의 위험으로부터 평안히 머무를 수 있는 곳이며, 자신에게 가장 가까워지는 곳인 것이다. 동물은 본능적으로 그곳을 안다.

독서는 내면의 '퀘렌시아'를 만나는 일이다. 우리는 수시로 자신만의 장소에서 안식을 얻고 그곳에서 새로운 기운을 얻는다. 그리고 나면 다른 사람들을 만나고도 샘솟는 듯한 영혼을 간직할 수 있다. 수백 번 넘게 투우장을 드나든 헤밍웨이는 "퀘렌시아에 있을 때 소는 말할 수 없이 강해져서 쓰러뜨리는 것이 불가능하다."라고 했다. 현대에

읽었으면 달라져야 진짜 독서

있어서 서점은 21세기에 퀘렌시아 같은 역할을 한다.

독서가 휴식처럼 되려면 무엇부터 해야 할까. 그것은 눈높이에 맞는 책부터 시작하면 된다. 타인이 중요하다고 강조하는 인문학, 고전을 읽어야 하는 것도 아니다. 단지 그것은 참조 사항일 뿐이다. 책 읽기에 관한 한 우리는 보다 자유로울 권리가 있다. 책만큼 개인차가 큰 것도 없다. 고등학생이 정체성을 찾고자 고전과 현대 철학을 읽을 수 있고 30대, 40대 성인이 〈연어〉, 〈어린왕자〉, 〈마당을 나온 암탉〉 같은 동화를 읽을 수 있다.

책읽기는 진공묘유(眞空妙有)를 빚어낸다. 읽는 가운데서 내게 없던 뭔가가 탄생한다. 어떤 텍스트를 읽느냐에 따라 뮤즈의 신이 왕림한다. 진공묘유는 텍스트와 나 사이에 화학작용을 일으킨다. 진공 상태에서는 생성과 소멸 입자들이 끊임없이 상호작용한다. 세상에 존재하는 모든 것은 고정된 실체가 없다. 아무것도 없다고 하는 입자들이 세상에는 무수하게 작용하고 있다. 무한대의 관계들이 진공묘유로 빚어지고 있다. 진공묘유란 아무 것도 없는 것이 아니라 뭔가 닿으면 바로 작용할 수 있는 준비단계로, 텅 빈 공간은 화학작용이 일어나기 직전 상태를 의미한다. 그런 공간을 찾자. 그곳에 있으면 마음이 편해지고 상념을 덜게 되고 생각이 깊어진다. 그곳에서 책을 읽을 때 사유는 어렵지 않다.

사유, 회사에서도 필요한 역량

이 시대, 생각하는 힘은 점점 약해지고 있다. 특히 일할 때 이것을 더 알 수 있다. 작업자가 우선순위와 긴급순위에 대한 구분을 잘 하지 못한다. 생각 없이 일하다 보면 시간은 더 소요된다. 결과물 역시 만족스럽지 못하다. 일은 판단 속도에 따라 결과에 영향을 미친다. 사유가 빈곤하냐면 결정 장애가 오고 시간을 끌게 된다. 협업에서라면 한 사람이라도 시간을 끌면 엇박자가 난다. 책임지려고 하지 않는 사람이 많을수록 전체 일은 늦어진다.

생각 없이 일하면 어떨까. 협업이라면 다른 사람들에게 민폐가 될 수도 있다. 혼자 하는 일이라도 처음부터 끝까지 혼자일 리 없다. 전체의 부분에 해당될 것이다. 이때 한 사람이라도 개념이 잡히지 않은 상태에서 일하게 되면 결과는 산으로 간다. 애써 다른 사람들이 해놓은 것에 찬물을 끼얹거나 하향평준화로 발목을 잡게 된다. 이것은 전체와 부분, 숲과 나무를 볼 줄 아는 사유와 연관된다.

성과를 내는 사람들은 3단계 일 처리 과정을 기준으로 삼는다. 1단계는 일의 개념을 전체가 공유하고 어떻게 그 전개과정을 펼칠지 의논하는 스케치 차원이다. 1단계에서는 동기유발이 충분해야 한다. 2단계는 본격적으로 일에 집중하는 과정이다. 엇박자가 나지 않도록 세세하게 그 과정을 짠다. 3단계는 완성도를 높이는 추가 작업이 이루어진다. 이것은 상대가 원하는 것에 덤을 얹어주는 작업이다. 기대

읽었으면 달라져야 진짜 독서

이상의 감동을 주도록 디테일을 더한다.

이때 어떻게 일할지 개념을 잡는 1단계가 전체 설계도에 해당된다. 일에 있어서도 생각하는 힘이 8할을 차지한다. 설계도가 잘못되면 일은 불시착한다. 또한 시간이 배로 걸리거나 자칫 엉뚱한 결과물을 낼수도 있다. 행동 이전 설계나 기획 같은 사유가 중요한 이유다. 제대로된 사유가 뒷받침되어야 실패하지 않는 결과와 만날 수 있다. 이기는 판을 만들려면 왜 이 일을 하는지, 어떤 일인지, 목표와 효과는 무엇인지 보다 분명한 기획이 있어야 한다.

사유는 다방면에서 힘을 발휘한다.

02

동기부여 :
바꾸고 싶다는 강력한 소망

타인의 경험을 접하는 일은 최고의 동기부여

지노 스트라다 박사가 아프가니스탄 국경에서 멀지 않은 파키스탄의 퀘타 지역을 처음 방문한 지 28년이 넘었다. 외과 전문의답게 유럽과 북미의 수준 높은 외과 센터들에 익숙했던 그는 처음엔 단지 호기심으로 퀘타의 병원을 방문했다. 하던 일을 계속해보는 것이 어떨까 생각하고 직접 그곳을 확인하기 위해서였다. 그는 그곳에서 자기 생애에 있어 최초의 전쟁을 겪게 될 것이라고, 또한 날마다 빈번하게 전쟁의 공포에 둘러싸여 일하게 될 것이며, 이머전시를 설립하게 될 것이라고는 꿈에서도 생각하지 못했다.

삶은 이런 것이다. 우연찮게 발을 들여놓고 직업과 함께 늙어가는 것, 뭐든지 일상에 체화되지 않으면 의미 없는 것이 되고 마는 것 말이다. 실천하는 삶만이 현실을 바꾸고 세계를 유지시킨다. 누군가는 지구촌 어딘가에서 하나의 등불로 빛을 낸다. 지노 스트라다 박사는 지구촌 분쟁의 최전선에서 난민과 전쟁 희생자들에게 긴급 의료 구호를 펼쳐 800만 명의 생명을 살려냈다. 그가 설립한 이머전시는 1995년, 전쟁 부상자들과 무엇보다도 지역 전역에 널려 있는 지뢰 피해자들을 치료하기 위해 이라크 자치구에서부터 활동을 시작했다. 그는 양질의 의료 시술을 받을 수 없는 피해자들을 위해 평생을 헌신했다. 그는 스스로를 '수술하는 동물'이라고 명명한다. 이런 헌신들이 모여 세상을 바꾼다. 누군가는 실제 행동으로 살 만한 세상을 만든다. 이런 에너지의 원천은 어디에서 나올까. 무엇이 그에게 강력한 동기를 부여한 것일까.

서점에서 몇 권의 책을 골라 들고 오는 날은 마음이 꿈틀댄다. 강한 동기부여를 받는 날이다. 물론 인터넷으로 주문할 수도 있지만 서점에서 직접 내용을 확인하고 구매하면 조금이라도 더 읽게 된다. 그리고 무엇보다 서점 근처 커피전문점이라도 들러 사유 시간을 갖는 것이 일상에서 만나는 소소한 기쁨이다. 가끔 책만 보고 글을 쓰는 삶도 괜찮지 싶다. 매월 마감을 치러내는 입장에서 당장은 어렵지만 나는 기어이 그 파이프라인을 구축할 듯싶다. 마음이 꿈틀거렸기 때문이다. 이러한 마음의 꿈틀거림을 지속한다면 가능성 있지 않을까. 책이라는 불쏘시개로 계속 불을 지필 생각이다.

유한한 인생, 얼마나 개인의 자유를 구축하고 사느냐는 각자 몫이다. 그리고 그것은 사유와 행동을 어느 비율로 섞느냐의 문제다. 우리는 주변 사람들에게 가장 크게 영향을 받는다. 하지만 주변이 대부분 비슷한 부류라고 한다면 책에서 길을 찾을 수밖에 없다. 책은 저자 행동의 결과물이 많다. 주로 저자의 경험을 파는 내용들로 얼마든지 저자의 경험을 공유할 수 있다. 타인의 경험을 접할 때만큼 동기를 강하게 부여받는 경우도 드물다.

주어진 시간이 유한하다는 사실을 염두에 두기

커피 4분, 버스요금 2시간, 권총 1정 3년, 최고급 스포츠카 59년. 이는 영화 〈인타임(In Time)〉에 나오는 물건의 가격이다. 영화 속의 미래에서 사람들은 '시간'을 매개로 경제활동을 한다. 시간이 진짜 '돈'인 세상이다. 영화는 25살이 되면 더 이상 늙지 않는 대신 지속적인 노동으로 시간을 벌지 않으면 죽음에 이르는 극단적인 세상을 표현했다.

그들의 시간은 왼쪽 팔뚝의 '카운트 바디 시계'에 표시되고 이 시계의 13자리 수가 모두 '0'이 되면 심장마비로 죽는다. 돈은 쓰지 않으면 그대로 남지만, 시간은 자연스럽게 흘러간다. 25세가 되면 누구에게나 1년의 유예시간이 주어지는데 만약 지속적인 노동을 통해 이를 연장하지 못하면 죽기 때문에 빈민들은 끊임없이 노동에 시달린다.

또한 어제까지 3분, 1시간이었던 커피 값과 버스요금이 오늘 갑자기 4분, 2시간이 되는가 하면 33%였던 대출이자가 불과 몇 시간 만에 37%가 된다. 그들은 생산량이 늘었음에도 불구하고 할당량이 늘었다며 임금을 깎아버리는 기업 때문에 늘 부족한 시간에 쫓기는 여유 없는 생활을 한다. 하지만 부자들은 시간이 많아 매일 호화로운 파티와 수백 년의 판돈이 오가는 포커를 즐긴다. 여러 명의 경호원을 고용하여 자신이 가진 시간을 뺏기지 않기 위해 주변을 늘 경계한다.

유한한 인생, 행동의 결과물만이 삶을 바꿀 수 있다. 누군가는 1년에 해낼 일을 5년 내내 한다. 또 누군가는 3년 걸릴 일을 1년에 끝낸다. 추진력이라는 용기는 어디에서 동기부여 받을까. 인생 마감에 대해 인식하고 있다면 조금은 달라질 수 있지 않을까.

배경지식을 넓히면 실천력이 강화된다

율곡은 어린 시절부터 사서삼경 등 고전을 읽는 지독한 독서광이었다. 신사임당은 아들 이이에게 기초, 전공, 심화 과목으로 나누어 책을 읽었고 나중엔 역사책을 단계적으로 독서시켰다. 이 방법은 지금도 소모적인 독서를 피하기 위한 유용한 방법이라고 할 수 있다. 율곡

이이는 〈격몽요결〉에서 "책을 읽는 사람은 두 손을 모으고 똑바로 앉아 공경히 책을 대해야 한다. 마음을 통일하고 뜻을 모아 골똘히 생각하고 깊이 두루 살펴 뜻을 철저히 이해하되 모든 구절마다 반드시 실천할 방법을 찾도록 해야 한다."라고 했다. 독서를 하는 사람의 자세로 '실천'을 강조했다.

의미재구성법 역시 '실천'을 위한 동기부여로써 메모가 있다. 행동력에 있어서 배경지식은 8할을 차지한다. 아는 만큼 마음이 움직인다. 현대인에게 결정장애가 많은 이유는 판단에 영향을 미치는 배경지식이 부족한 탓도 있다. 자기 결정에 확신이 없다. 이럴 때 독서는 자기 확신에 도움을 준다. 사소한 것조차 결정내리지 못하는 사람들에게 뚜렷한 자기 주관을 심어준다. 의견, 의지, 신념을 보다 명료하게 만든다.

같은 문제에 대해 작년, 올해, 내년의 판단이 달라지는 이유는 배경지식 때문이다. 배경지식은 조망권과도 같다. 조망권이 높을수록 더 멀리, 더 넓게 볼 수 있다. 이것이 바른 판단과 결정을 돕는다. 판단에서 오는 시행착오를 줄일 수 있다. 21세기에 사는 우리는 불완전한 인간이다. 세계를 다 겪어볼 수 없다. 그래서 독서가 더 소중하다.

조망권이 달라져야 좌표도 이동된다. 직장인일 때와 사업주가 되었을 때 판단이 다르고 공직에 있을 때와 개인 사업 할 때 판단이 달라진다. 오너일 때와 피고용자일 때 또한 판단이 다를 수밖에 없다. 개념에 따라 챙겨야 할 것들 역시 변한다. 선택이 변하면 그것에 따른 행동 역시 변화한다. 이렇듯 배경지식은 마음의 꿈틀거림에 영향을 준다.

배경지식은

인류를 위해 살지,

자신을 위해 살지,

무엇을 위해 살지 선택지에 영향을 미친다.

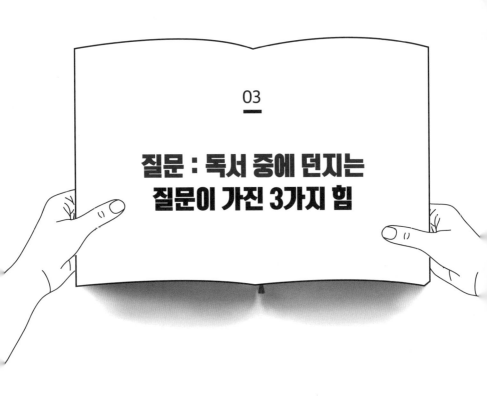

03

질문 : 독서 중에 던지는 질문이 가진 3가지 힘

본질을 보게 하는 힘

김승호 저자는 〈사는 곳이 운명이다〉에서 사는 공간에 대해 말한다. 운은 직장이나 집 안에서 결정되는 것이 아니라 활동에 의해 창출되는 법이라는 메시지다. 저자는 운이 축소된 P의 사례를 든다. P는 돈이 없어서 부득이 자신의 주요 활동범위인 서울에 아파트를 마련하지 못했다. 서울 근교 어느 소도시 외곽에 조그마한 아파트를 마련했다. 숲 속에 위치한 건물인데 주변 일대의 경관이 수려했다. 외딴 지역의 건물이라서 동네가 참으로 조용했고 작은 아파트여서 입주자도

적었다. 조용한 공동 별장 같은 느낌이었다.

실제로 그런 용도로 그 아파트를 사둔 사람도 있었다. 전국에 널려 있는 콘도처럼 말이다. P는 결혼 직후 신혼집을 그런 곳에 마련했다. 직장이 서울에 있어서 출퇴근에 소요되는 시간이 4시간 정도 걸렸다. 그래도 일단 집에 들어오면 편안했다. 하루의 피로도 잘 풀리는 것 같았다. 그러나 한두 해가 지나자 4시간이나 걸리는 출퇴근시간이 큰 낭비라는 것을 깨달았다. 일을 마치자마자 집에 돌아가기 바빴기 때문에 인간관계는 거의 불가능했다. 간혹 퇴근 후에 미팅이나 회식이라도 잡히면 여간 신경 쓰이는 게 아니었다.

결국 P는 집을 위해 사람 사귀는 일을 포기했다. P의 일과는 집과 직장 사이를 길게 여행하는 게 전부였다. 이렇게 생활하며 수십 년이 흐르게 되자, P는 한계에 다다랐다. 아파트의 목적은 편리한 생활공간을 마련하여 외부의 생활공간과 밀접하게 연결되는 것으로, 사회활동을 하기 위한 전진기지 역할을 한다. 현대인들이 산속 깊은 곳에서 아름다운 집을 짓고 살지 못하는 것은, 그 장소가 사회활동을 하기에 힘들기 때문이다.

저자가 말하고 싶은 것은 P는 더 발전할 수 있는 인생을, 스스로 옹졸한 운명의 틀에 가두었다는 점이다. 문제는 그 아파트를 상속받을 자손들도 그곳에 묶여 한정된 운명을 맞이할 가능성이 있다는 점이다. 저자의 눈에 P는 소탐대실(小貪大失) 인생이다.

저자에 따르면 터라는 것은 강력하게 인간의 운명을 좌우한다. 이런 텍스트를 만나면 누구라도 '공간'에 대해 한 번쯤 생각하게 된다. 저자의 메시지는 출퇴근 시간을 허비하느라 인간관계를 잘 가꾸지 못한 인생을 지적한 것이다. '인생의 가치'에 대한 몇 가지 의미재구성을 해볼 수 있다.

> Q. 나는 어디에 가치를 두고 사는 걸까?
> Q. 공간을 충분히 활용하고 있는 것일까?
> Q. 나의 대인관계력은 어떠한가? 그것이 삶에 미치는 영향 정도는?

이와 같은 텍스트와의 자문자답으로 우리는 본질을 볼 줄 아는 제3의 눈을 얻을 수 있다. 통찰에 있어서 독서는 효과적인 도구가 된다. 어느 문장이 내게 다가와서 나비효과를 일으킬지 모른다. 사실 학교를 졸업한 이후 평생학습으로 단행본만 한 것이 있을까. 약속을 내서 사람을 만나야 할 만큼 번거롭지도 않고 비싼 강의료도 없으니 마음만 내면 얼마든지 여러 분야를 탐구할 수 있다.

저절로 깨우치게 하는 힘

이순신 장군은 긴박한 전시 상황 중에도 늘 독서를 했다. 술을 마시고도 닭이 울면 반드시 촛불 켜고 앉아 문서를 보거나 전술을 짰고 새벽이나 늦은 밤 일어나 책을 읽었다. 그를 계속 깨어 있게 한 문장은 〈손자병법〉에 나오는 '승병선승이후구전(勝兵先勝而後求戰)'이었다. '이기는 군대는 전쟁에 임하기 전에 승리할 수 있는 상황을 만들어 놓는다.'는 뜻이었다. 이순신은 늘 스스로에게 질문을 던지고 답을 찾기 위해 애를 썼다.

책을 읽고 질문을 던지다 보면 저절로 깨우치게 되는 것들이 있다. 고요 속에 침잠하여 책을 자신의 내면으로 안착시키는 과정 중에서 하나의 답이 떠오른다. 책을 이정표 삼아 지금껏 살아왔다는 것은 텍스트와 자문자답하며 걸어온 길을 말한다. 바쁠수록 '독서 중 자문자답'의 시간이 더 소중해진다. 이러한 시간을 얼마나 내느냐에 따라 원하는 삶과 가까워질 수 있다.

주체적 삶을 회복시키는 힘

독서 중 질문은 각자에게 각자의 삶을 돌려준다. 주체의 삶은 타자의 삶과 완전 다르다. 시키는 대로 행동하는 사람에게는 '생각'이라는 것이 필요 없다. 무의식적으로 살아가면 된다. 하지만 뭔가 자발적인 결정을 내리는 위치에 서게 되면 사유가 필요하다. 조직에서도 마찬가지다. 문제를 제기해야 하고 대안과 개선 방법을 찾기 위해서는 그 시발점인 질문이 필요하다. 프레젠테이션 대부분이 문제의 발견(질문)과

그에 대한 해답으로 채워진다.

마흔 이후의 인생에서도 주체에 대한 욕구가 더 커진다. 자주 결정을 내려야 하는데, 그 결정은 자신뿐 아니라 주변에도 일파만파 영향을 미친다. 그때 질문이 없다면 어떨까. 무의식적인 패턴을 반복한다면 리스크를 껴안고 살아가는 인생이 될 것이다. 성공한 경험마저 버려야 할 만큼 질문이 핵심을 찌를 때 독서는 개안(開眼)을 돕는다. 30대, 40대, 50대라는 한 세대를 건너갈 때 어떤 개념으로 살지, 자신에 맞는 이길 수 있는 판이 무엇인지를 알려준다. 이미 강을 건너간 인생 선배들의 온갖 처세술이 서점에 있다. 한 권의 책에는 최소 한 가지의 질문이 담겨 있고, 책은 각자의 답으로 이루어져 있다. 그 질문이 당신에게 향하도록 해보자. 질문은 주체적 삶을 돌려준다.

04

교류 : 인생을 먼저 살아온 사람들과의 만남

푸시킨 없이는 톨스토이도 없다

톨스토이는 러시아 귀족인 톨스토이 백작의 넷째 아들로 태어났다. 어머니는 두 살 때 세상을 떠났다. 그의 어린 시절은 아버지가 사 모은 책이 보관된 서재에서 시작되었다. 어린 나이에 아버지와 할머니를 여의었지만 다행히 두 숙모가 있어 그를 친자식처럼 돌봐주었다. '성자전'을 읽어주거나 순례자들의 이야기를 들려주기도 했다. 톨스토이는 어린 나이에 푸시킨의 시를 감성적으로 암송, 낭독하여 사람들의 마음을 감동시키기도 했다.

카잔대학에 진학한 그는 처음엔 동양어과에서 아랍어, 터키어를 전공하다가 법학과로 전과했다. 그러나 과와 상관없이 독서와 명상에 잠기는 습관은 그대로였다. 메이엘 조교수는 톨스토이의 비범함을 알아보고 그에게 부담스런 과제를 안겨주었다. 톨스토이는 즐거운 마음으로 과제에 임하며 독서에 빠져들었다. 루소를 읽기 시작했으며 진짜 공부를 위해 대학을 자퇴했다. 그는 문학, 종교, 학술 전문 서적, 음악 등의 서적을 읽어나갔다.

이 시기 집중적인 독서는 그의 의식을 더욱 높여주었다. 군대에 있을 때도, 여행 중일 때도 책을 놓지 않았다. 그는 늘 책을 통해 인생 선배들과 교류를 나누었고 의미재구성을 했다. 〈카자흐 사람들〉은 호머의 〈일리아드〉를 읽으며 아이디어를 얻은 작품이고, 〈안나 카레니나〉는 푸시킨 책에서 영감을 얻었다. 〈전쟁과 평화〉를 쓰기 위해서는 엄청난 양의 독서를 했고 자료 조사를 위해 지역을 답사하기도 했다.

독서는 시공간을 가로질러 다른 누구와 연결되는 길이다.

스티븐 킹을 만난 정유정

인생 책 한 권으로도 터닝포인트를 만날 수 있다. 나와 연결만 잘 시킨다면 말이다. 모든 분야를 섭렵할 필요가 없다. 한 분야부터 차근차

읽었으면 달라져야 진짜 독서

근 알아나간다. 독서는 속도에 있지 않고 주체인 '나'와의 연결성에 있기 때문이다. 주체가 선명해질수록 효과적인 독서가 된다. 내 삶에 어떻게 응용할 건지 더욱 자명해져야 한다. 딱히 어느 부분이라고 말할 수 없지만 읽어가는 동안 인식이 차츰 변한다. 읽기 전과 읽은 후 마음이 달라진다.

정유정 작가는 10년 전 겨울, 어느 저녁에 한 작가를 만난다. 그 작가를 만난 과정을 직접 인터넷에 쓰기도 했다. 당시 그녀는 소설 한 권을 낸 작가였고, 온갖 장편공모전에서 자꾸만 미역국을 먹는 작가 지망생이었다. 어느 겨울날, 몇날 며칠 동안 덮고 있던 이불을 젖히고 집 밖으로 나갔다. 어둠과 눈보라 속을 걷기도 하고 바람이 몰아가는 눈의 형체를 물끄러미 바라보며 서 있기도 했다.

그녀는 헌책방이 모인 거리에서 겨우 정신이 들었다. 인적은 끊겼고 문을 열어둔 책방은 한 곳이었는데 유리문을 여니 난롯가에서 주인이 졸다가 이마를 들어 흘끔, 그녀를 봐라봤다. 그녀는 구석으로 가서 쪼그려 앉아 책 탑에 놓인 한 권을 집어 들었다. 표지는 찢겨나갔고 간지와 목차 페이지도 없는, 양손으로 턱을 괴고 각자 생각에 잠긴 네 소년의 삽화가 그려진 책이었다. 발췌문으로 짐작되는 문장 몇 줄을 본 그녀는 울컥했고 책을 뒤집어 뒤표지에서 제목과 작가를 보았다.

스티븐 킹의 〈스탠 바이 미〉였는데 봄, 여름, 가을, 겨울이라는 제목이 붙은 중편 네 편이 실려 있었다. 작가 정유정의 시선을 붙잡은 대목은 '가을' 편의 첫 문장이었다. 가슴 속에서 쿵, 하는 소리가 들렸다. 그렇게 '스티븐 킹'은 그녀 안으로 들어왔다. 그 새벽에 그녀는 절망의 바닥에 꿇어앉아 제왕을 가슴에 안았다고 고백했다. 이렇게 스티븐 킹의 작품들을 찾아서 읽게 되었는데 번역된 작품이 대부분이라 오래 전에 절판된 것들이 많았다. 그래서 온·오프라인 헌책방, 도서관, 동네 도서대여점까지 뒤져가며 찾을 수밖에 없었다. 동네 도서대여점에서 〈다크 타워〉 시리즈를 발견했을 땐 춤까지 췄다.

선배 저자 공병호의 추천사

책을 읽고 글을 쓰며 30년을 살아왔다. 공병호 저자의 추천사를 받기 위해 메일로 원고를 보낸 적이 있다. 읽었던 책의 선배 저자들에게서 영향을 받고 다시 저자가 되어 후배 저자들에게 메시지를 보낸다. 그 선순환이 독서를 통해 이어지고 있다. 이 시대 멘토들이 얼마나 많은가. 닮아가고자 한다면 얼마든지 함께 성장할 수 있다. 연결되는 만큼 취할 수 있는 것들이 많다. 이 책 역시 그러한 사명을 안고 세상에 나왔다. 나를 넘어서는 후배들이 더 많아지길, 책과 함께 성장하는 위너(winner)들이 많아지길 바라면서 말이다. 하나의 징검다리가 될 수 있겠다.

책은 하나의 방편이다. 소명을 다하는 순간 내 곁을 떠나야 한다. 아무리 비싸고 소장가치가 높아 보이는 책도 결국은 강을 건너기 위한 조각배 같은 것, 방편에 불과하다. 다른 조각배로 갈아탈 때는 기존 배는 떠나보내야 한다. 중요한 것은 책의 사명에 관한 것이다. 내 삶에 체화되면 그 소임을 다한 것이다. 책을 텍스트 노트라고 생각해야 사명이 빨리 끝난다. 내 삶에 대입해보는 의미재구성이 다른 배로 갈아탈 확률을 높인다. 책은 체화되어야 다른 책을 불러들일 수 있다. 선배들과의 아름다운 교류가 지속되기를 바란다.

05

통찰 :
사물을 꿰뚫어보는 힘

객관성의 획득

왜 통찰이 필요한 걸까. 하루는 책장에 꽂혀 있는 장서 가운데 우연히 전난영 저자의 〈카르마와 인연법〉을 고르게 되었다. 이 책은 '카르마의 강제집행'에 대해 풀어놓는다. 혹시 불교 도서인가? 아니다. '카르마'는 종교적 의미도 갖고 있지만 무의식적인 잘못된 습관, 패턴쯤으로 해석하는 게 좋다.

카르마는 꽉 차오를 때 압이 눌렸다가 폭발하면서 사건 사고를 일으킨다. 저자는 사건 사고가 발생한다는 것은 변화가 시작되었다는

읽었으면 달라져야 진짜 독서

메시지라고 말하다. 변화를 요구하는 연금술사가 가까이 다가오며 빨리 달라지라는 신호를 주지만, 대부분 그 신호를 무시하고 지나친다. 그리하여 질량이 꽉 차서 주변이 깨어지기 시작할 때가 되어야 비로소 알아차린다. 걷잡을 수 없는 변화의 소용돌이 속에서 땅을 치며 깨닫는다.

늦도록 메시지를 깨닫지 못하면 주변부터 사건사고에 의한 강제집행이 들어간다. 채무도 처음엔 독촉장이 날아오다가 나중엔 차압이 들어가듯 카르마 역시 최후에는 강제 집행에 나선다. 처음엔 작은 사건 사고들로 신호를 주다가 나중엔 점점 커져 걷잡을 수 없는 상황으로 치닫게 된다.

저자의 결론은 이렇다. '수정할 수 있을 때 변화하라.'

왜 삶에 통찰이 필요할까. 사람은 듣고자 하는 이야기만 듣고, 보고자 하는 것만 본다. 아전인수(我田引水) 격의 편집이 일상에 자리한다. 이것은 자칫 객관성을 잃게 만든다. 유독 자신의 일에만 집중하게 된다. 주관성을 띠게 된다. 몸에 좋다는 조언들을 남에게 곧잘 들려주지만 정작 내 눈에 낀 대들보는 보지 못한다. 주관의 우물에 갇혀 시행착오를 거듭한다. 객관성은 그만큼 어렵다. 특히 자기합리화의 방어기제를 자주 활용하는 사람일수록 통찰이 없다.

변화의 패턴

주역의 변화는 궁, 변, 통, 구가 그 핵심이다. 음 속에 양의 기운이 숨어 있고 양 속에 음의 기움이 숨어 있다. 음과 양이 교차하여 만들어낸 64개의 괘와 384개의 효를 가지고 세상 변화의 이치를 담아낸 것이 주역이다.

첫째, 궁은 양석 변화가 극에 달한 상태다. 이 상태에서 변화가 일어난다. 변화가 일어나기 위해서는 무엇이든 궁극에 이르러야 한다. 둘째, 변화가 일어나 답을 찾는 단계가 변이다. 겨울이 가고 봄이 오는 것처럼 앞이 보이지 않던 문제도 궁극에 이르면 답이 나타난다. 셋째, 새로운 국면으로 전환되어 안정을 찾는 단계가 통이다. 추운 겨울이 가고 따뜻한 봄날을 맞이하는 단계이다. 넷째, 평화가 지속되는 단계가 구이다. 이 단계가 되면 사람들은 언제까지나 안락이 이어질 줄 알고 관성에 젖어든다. 그리하여 다시 궁의 상태로 돌아간다.

이런 물리적인 변화는 우리의 일상에 늘 잠복해 있다. 같은 패턴의 문제가 일어나는 것도 이와 같은 이치 때문이다. 그래서 자신의 관점이 달라지지 않는 한 세상은 달라지지 않는다. 일단 내 삶의 패턴을 알아차리는 일이 급선무이다. 패턴은 나만 모를 뿐 지인들의 눈에는 쉽게 포착된다. 일일이 조언을 구할 수 없는 입장이라면 책으로부터 그 답을 구할 수 있다. 자신과 만나는 시간을 통해 깨달음이 온다. 통찰은 성찰의 강을 건너기 위한 것이다.

읽었으면 달라져야 진짜 독서

시야의 확장

평생직장보다 평생직업의 시대이다. 취업생의 가장 흔한 후회가 뭘까. 그것은 직업군에 대한 정보의 부족이다. 더 많은 직업군에 대해 알아보고 직업을 결정하지 못했다는 뒤늦은 후회다. 객관적인 통찰이 부족하다면 시야가 좁아질 수밖에 없다. 이것은 선택지에 크게 영향을 미친다. 한정된 선택지라면 고를 수 있는 자유도 한정되어 있다. 만약 취업생이라면 평생직업을 위해 직업군에 관한 책 수십 권은 탐독해야 옳았다. 왜? 내 인생이니까. 직업은 갈수록 세분화된다. 나의 준비 없이 부모, 선생님, 선배, 친구, 지인에게 기댈 수 있는 데는 한계가 있다.

〈내 인생을 바꾸는 세계의 일자리〉에서는 20대 취준생들이 꿈꿔볼 수 있는 세계적인 직업과 그 이유가 담겨 있다. 예를 들면 중국과 인도에 관련된 하나의 사례가 있다. 간략히 요약해 보면 이렇다.

현재 중국은 무서운 속도로 경제가 성장하기에 골동품 시장도 빠르게 확대되고 있다. 그래서 골동품점 경영자가 유망 직업으로 떠오르고 있다. 명나라, 청나라, 당나라를 거치면서 무수한 골동품을 축적하고 있어 유적 유물이 유난히 많다. 소득이 향상될수록 골동품을 찾는 소비자가 늘어난다. 덩달아 골동품 가게도 증가한다. 골동품은 오래된 것일수록 가격을 더 높게 쳐준다. 고려사, 복장사, 조선사를 연구하면서 유물에 대한 지식을 쌓는 일도 이런 분야 직업을 얻는 데 유리하게 작용될 수 있다. 골동품의 생성시기를 파악할 수 있어야 하기 때문이다.

한편 인도에서는 영화 관련 산업이 성장세에 있다. 춤과 노래가 어우러진 인도 특유의 영화(발리우드)가 세계적으로 인기를 얻고 있기 때문이다. 제반 시설이 아직 부족하지만 사업성이 좋아 투자가 많이 될 것으로 전망하고 있다. 인도의 경우 영화 시나리오 작가가 유망 직업으로, 시나리오 작가는 영화를 많이 보고 영화에 대해서 잘 알아야 한다. 영화감독이 현장에서 시나리오를 작성하면서 직접 영화 제작을 하기도 하는데 이 경우, 감독 겸 영화 시나리오 작가로 일할 수 있다.

이 책을 통해 우리는 나라 밖을 벗어난 세계적인 일자리에 대한 통찰이 가능하다. 이처럼 평생직업을 정하는 데 있어서도 책으로 더 넓은 시야를 획득할 수 있다. 글로벌 시대이니만큼 간접체험의 으뜸이 책이다. 일일이 발품 팔아 만나볼 수 없고 가볼 수 없다면 그나마 책이 도움이 된다.

빠른 변화에 대응

"진취적인 독일인에게 끈 하나를 주면, 그는 그것으로 뭔가 유용한 것을 만들어낼 때까지 결코 쉬지 않을 것이다. 하지만 프랑스인에게 끈을 주면, 곧 그것을 낚싯줄로 만들어버릴 것이다."

읽었으면 달라져야 진짜 독서

저널리스트인 프리드리히 지부르크는 프랑스에서 여러 해를 보낸 뒤 이렇게 말했다. 프랑스인들은 중고차 한 대 값을 깎기 위한 흥정에 아침나절을 느긋하게 통째로 할애한다. 그들이 흥정을 벌이는 테이블에는 와인이 적어도 세 개는 놓여 있다. 중고차 구입을 위한 흥정을 하면서 직접 연관 없는 역사적 사건들에 대해 대화를 나눈다. 그런 다음 파리의 센 강에서 낚시하는 것이 어떤지에 대해서도 말한다. 그리고 와인에 사용된 저급한 포도에 대한 짤막한 탄식이 이어지고 마침내 정오가 가까워져서야 누군가 중고차를 언급한다.

삶에 이런 느림의 여유가 있다면 얼마나 좋을까. 그야말로 축복받은 환경이라고 볼 수 있다. 하지만 우리는 역동적인 반도의 땅에 살고 있다. 늘 역사의 한복판 속에 소용돌이 치고 있는 것이다. 기질 역시 반도의 땅에 맞게 구성되어 있다. 이런 환경일수록 잠깐 멈춰, 통찰을 해야 하는 이유가 더 분명해진다.

06

반성 :
돌이켜 보기

옛일을 흘려보내는 과정

조훈현 저자는 〈고수의 생각법〉에서 복기를 하다 보면 머리를 쥐어뜯고 싶은 순간이 있다고 말한다. 특히 큰 대회의 결승에서 아깝게 패한 날에는 몇 갑절 더 힘들다. 놓쳐버린 우승 상금을 생각하면 분한 마음이 커진다. 하지만 이런 자책에 사로잡혀 있으면 복기가 제대로 되지 않는다. 복기는 이미 둔 바둑을 객관적으로 볼 수 있을 때 제대로 된다.

'왜 그걸 못 봤을까, 나는 바보가 아닐까.'

읽었으면 달라져야 진짜 독서

자책, 한탄, 억울함 등의 감정에 가득 차 있으면 그저 안타깝고 괴로울 뿐 스스로가 무엇을 잘못했는지 반성되지 않는다. 그래서 프로기사들은 감정을 얼른 털어버리고 복기에 집중하려고 노력한다. 사실이게 쉬운 일은 아니다. 꽉 차 있는 감정을 버리려면 시간이 필요한 법인데 아무 여유도 없이 복기가 진행되니 죽을 맛이다. 하지만 이것도 한두 번 하다 보면 단련된다. 죽을 맛이 때로는 대국이 끝나고도 한참 지속되기도 하는데 그러면 프로답지 못하다고 핀잔을 듣는다. 패배감에 너무 오래 휩싸여 있으면 자신감을 잃게 되거나 긴 슬럼프로 이어질 수 있기 때문이다.

저자는 복기를 단순히 복습하고 자책하는 의미로만 생각하지 않는다. 극복하고 흘려보내는 의식이다. 오늘 바둑을 망치긴 했지만 뭐 어쩌겠는가. 이미 둔 돌은 무를 수가 없다. 게임이 끝났으니 이제 반성한 후 잊어버려야 한다. 삶에도 이런 복기 의식이 필요하다. 대국 대신 책으로 복기 의식을 치를 수 있다. 뒤돌아보는 과정을 거쳐야 한 단계를 넘어선 차원에 도달할 수 있다. 이것이 책이 줄 수 있는 반성(reflection)의 의미다. 반성은 후회한다(regret)는 뜻이 아니라 돌이켜 살펴본다는 뜻이다.

어제와 다른 오늘을 사는 방법

일본의 소설가 마루야마 겐지는 30대에 들어서면서, 도시생활을 청산하기로 했다. 아내와 함께 고향 나가노로 훌쩍 내려갔다. 그러던 50대의 어느 날, 자신이 대충 살고 있다는 자괴감에 빠져 머리를 깨끗하게 밀어버린다. 그때의 초심을 잃지 않으려고 하루에 두 번씩 머리를 면도하고 수도승이 수행하듯 글을 써나간다. 이런 하루를 70대인 지금까지 이어가고 있다. 지금까지 써낸 책은 소설과 에세이를 합쳐 100여 권이 된다. 그는 철저한 서비스형 작가로 생활하는데, 작가는 철저히 독자 중심으로 움직여야 한다는 프로 정신을 갖고 있다. 독자 없는 작가는 존재할 수 없다고 믿는다.

반성만이 삶의 판을 바꿀 수 있다. 어제를 돌아보지 않는다면 삶은 변화되지 않는다. 내가 납득하지 못하면 삶은 한 발자국도 달라지지 않는다. 의식적으로 바라볼 때 바뀌어야 할 이유가 보이고, 차츰 지각변동이 일어난다. 일상의 모든 무의식적인 습관에 반성의 과정을 첨가해야 하는 이유다. 쓰나미처럼 깨달음이 오는 날, 마루야마 겐지처럼 어제와 달라진 오늘을 살 수 있다. 그런 이유로 세상에 독서가들이 늘어난다는 것은 '참'이 하나씩 늘어난다는 말과 같다. 이것은 자신의 소명을 알고 이 땅을 통과하는 이들이 하나씩 늘어간다는 의미이다.

삶에서 의미 찾기를 잘하는 사람들이 독서가들이다. 그들은 허투루 말하거나 행동하지 않는다. 달리 선진국이겠는가. 개념 가진 사람들이 늘어날수록 선진국이 된다. 암묵적인 문화가 주는 분위기라는 것이 있다. 시공간을 초월한 불문율 같은 것이다. 세상에 더 많은 독서가들이 늘어나야 하는 이유다. 누구든 초급 단계만 지나면 활자와 떼려야 뗄 수 없는 관계를 맺을 수 있다. 어떤 식으로든 수혜를 입기 때문에 활자의 세계에 빠지게 된다. 텍스트가 일상에 응용, 수용, 활용, 이입, 체화로 연결될수록 책과 밀착된 삶을 살아갈 수 있다.

하나뿐인 의미 찾기

〈어린 왕자〉에서 어린 왕자는 작은 별에 자신이 사랑하는 장미를 남겨두고 여행을 떠난다. 몇 군데의 별을 돌아다닌 후 지구로 온다. 지구에서 어린 왕자는 여우와 만나 서로를 길들이며 세상에서 하나밖에 없는 필요한 존재가 된다. '길들인다'는 것이 뭐냐고 묻는 어린 왕자에게, 여우는 '관계를 맺는 것'이라고 대꾸한다.

수많은 것들 중에서 특별한 의미를 갖는 무언가로 관계 맺는다는 것, 많은 여우들 중 한 마리에 불과했던 자신이 세상에 오직 하나밖에 없는 존재로 변하게 된다는 것이 '길들인다'는 말의 의미라는 것을 알려준다. 여우의 이야기를 들은 어린 왕자는 고향별에 두고 온 장미를 떠올린다. 여우에게 배운 '길들인다'는 의미를 자신에게 대입하며 과거를 돌이켜 본다. 의미재구성이 일어난다.

반성을 통한 우리의 의미재구성은 매일 지속된다. 우리는 오늘 배운 책의 내용을 통해 일상에 새로운 의미를 부여할 수 있다. 의미 없는 것들이 둥둥 떠다닐 때 독서가들은 스스로 의미의 고리를 짓는 사람들이다. 그 의미는 세상에 하나뿐인 특별한 의미가 된다. 수만 송이의 장미가 있지만 특별한 한 송이의 장미가 되는 것처럼 말이다. 그런 이유로 우리는 매일, 일상에 느낌표를 찍을 수 있다. 반복된 무의식으로 살아가는 것이 아니라 인생의 크리에이터로서 말이다.

반성하는 사람은 흔쾌하다. 과거에 함몰되지 않는다. 남의 탓이 없다. 반성하는 사람만이 눈을 씻고 세계를 둘러볼 수 있다. 하나의 느낌표는 다시 주변에 두 개, 세 개의 느낌표로 퍼진다. 독서가 삶의 뿌리로 확대될수록 세상에는 짙은 녹음을 드리우는 사람들이 늘어난다.

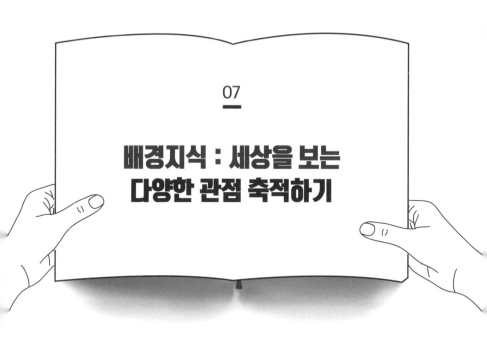

07

배경지식 : 세상을 보는 다양한 관점 축적하기

배경지식이 차이를 만든다

밀 가문에는 가문 고유의 독서법이 있었다. 존 스튜어트 밀은 역사학자인 제임스 밀의 장남으로 어린 시절부터 아버지에게서 남다른 지도를 받았다. 독서 후에 아버지는 아들과 함께 토론하며 그의 멘토가되어주었다. 아버지는 아들에게 책의 내용을 말로 설명하게 했고 이해하지 못한 부분은 그 배경이 되는 사회, 문화나 정치에 대해 설명해줬다. 또 외워야 하는 부분은 반복해서 읽어 외우도록 했고 배운 것을여동생에게 가르치게 했다. 또한 난이도가 높은 책도 읽게 했으며 여러 분야의 책과 고전, 철학을 읽혔다.

존 스튜어트 밀은 어린 시절 독서 습관을 만들어준 아버지에 대해 이렇게 말했다.

"열 살이 되기 전에 상상할 수 없을 정도로 많은 고전을 읽고 아버지와 토론했다. 토론을 통해 지식과 생각을 정리하고 비판적 사고능력을 키워 다른 학문의 기초를 닦았다."

그는 3살 때부터 14살 때까지 고전, 수사학, 경제학, 논리학 등을 수학했다. 15세가 되었을 때엔 웬만한 지식인이 함부로 대할 수 없는 수준에 이르렀다. 밀은 훗날 어린 시절에 받았던 고전 독서 교육으로 동기들보다 거의 30년 가까이 앞설 수 있었다고 고백했다.

독서만큼 차이를 만드는 일도 드물다. 독서했던 시간은 소비되어 사라지는 것이 아니라 어떤 식으로든 축적된다. 현대는 시간을 소비하는 방식에 있어서 개인차가 극명하다. 봐야 할 것이 넘쳐나고 만나야 할 사람, 원하는 시공간에 대한 개인의 기호가 완전 다르다. 이런 이유로 배경지식은 개인 간 10년, 20년 이상 물리적 간극이 벌어진다. 배경지식의 차이는 새로운 정보를 받아들이는 수용력에 있어서도 큰 격차를 만든다. 제아무리 인터넷이나 논문, 기타 매체에 정보가 널려 있다고 해도 이를 재구성하는 힘은 독서 이력과 연관된다. 정보를 재가공하는 능력에 있어서 배경지식은 필수적이다.

한 저자의 저서를 찾아 읽는 방식은 '정복'이라는 희열감을 준다. 중급 이상은 실제 이런 책읽기를 한다. 만약 동양 고전을 섭렵하기로 했

읽었으면 달라져야 진짜 독서

다면 사마의, 한비자, 묵자, 노자, 공자, 맹자 등의 저자들을 독파한다. 장서의 개념으로 파고든다. 이런 꼬리 물기 독서가 주는 쾌락은 웬만한 취미에서 만날 수 없는 쾌감을 준다. 머릿속에 방 한 칸이 만들어진다. 저자의 사유를 따라 저절로 깊어진다. 배경지식이 축적된다.

서양 철학에도 읽을 저자가 많다. 칸트, 들뢰즈, 지젝, 한나 아렌트, 푸코, 사르트르, 후설, 버트런드 러셀, 바울, 니체, 키에르케고르, 하이데거, 헤겔, 쇼펜하우어, 야스퍼스, 벤담 등이다. 나는 언젠가 들뢰즈를 섭렵하고 싶다. 내 일상과 가장 잘 의미재구성이 될 듯싶다. 좋아하는 저자를 만나면 그의 모든 책을 찾아 읽게 된다. 흥미로운 저자의 관점을 따라가면 한 세계가 열린다. 배경지식이 쌓인다.

오늘 읽은 책이 내일 읽을 책의 배경지식이 된다

청나라 때 화가이자 시인인 정섭(鄭燮)은 호를 따라 정판교라고 불렸다. 그는 가치가 없는 책은 읽지 말라고 하며 같은 책이라도 되풀이해서 읽을 때마다 수준이 다를 수가 있다고 했다. 그리고 대략 읽어도 되는 책은 훑어보는 정도로 읽고 깊이 이해해야 하는 책은 정독하라고 말한다. 그는 "서재에 누워 듣는 대나무 잎 흔들리는 소리, 민간의 고통 소리처럼 들리는구나!"라고 했다. 역사와 시 그리고 문집류와 소설을 주로 읽었는데 폐쇄적인 공부를 좋아하지 않았다.

또한 때와 장소를 가리지 않고 어디서든 책을 읽었는데 배 안에서, 말 위에서, 이불 속에서도 읽었다. 또 산속 바위에 앉아서 읽었고, 소나무 그늘에서, 폐허가 된 사당이나 무덤에서도 읽었다. 한 번 책을 들면 완전히 몰입하였고 책 한 권을 수백 번 읽고 또 읽었으며 낭독을 했다. 옆에 사람이 있든 없든, 쉼 없이 책을 읽었다.

정판교는 다독이 중요하지만 그 또한 '정독'이 바탕이 되어야 한다고 말했다. 정독을 해야만 다독이 빛을 발한다며 아무 생각 없이 하는 다독은 의미가 없다는 것이다. 정독을 기반으로 습관이 만들어진 후에 많은 책을 읽게 되면 그 내용이 미리 읽은 책을 통해 얻은 지식과 함께 맥락이 연결되어 새로운 지식으로 창조될 수 있다는 이야기다. 그렇게 하다보면 하나의 주제를 더욱 깊이 연구할 수 있게 된다.

단단한 배경지식을 만들기 위해서는 정독이 중요하다. 정독은 내용을 충분히 파악하며 읽는 것으로 독서 근육을 만들어준다. 이해가 부족한 부분이 남아 있으면 책은 내 삶으로 들어오지 않고 겉을 맴돈다. 의미재구성은 텍스트를 음미할 만큼 깊이 이해했을 때 이루어진다.

깊이 있는 대화가 가능하다

시진핑 주석은 1950년대에 태어났다. 젊은 시절, 그는 열악한 교육 환

읽었으면 달라져야 진짜 독서

경에도 불구하고 여러 분야의 책을 섭렵했다. 중국 신화통신에 따르면 시진핑 주석은 문화혁명 당시 지방으로 하방을 당하여 정식 교육이 중단되었지만 독학을 하여 칭화대학에서 화학을 전공하고, 베이징대에서 법학 박사학위를 취득했다. 그는 하방당했을 때, 독서로 정규교육을 대신했는데 이때부터 독서에 빠졌다. 괴테의 〈파우스트〉를 빌리기 위해 15킬로미터 떨어진 곳까지 다녀왔다는 일화도 있다.

그는 중국 고전과 영국, 미국, 러시아, 독일, 프랑스 등 서양 명작도 꾸준히 읽었다. 시진핑이 '정충보국(精忠報國)'을 평생 추구할 목표로 세운 것은 악비(岳飛) 이야기를 읽고서였고, 니콜라이 체르니셰프스키의 소설 〈무엇을 할 것인가?〉를 읽으며 의지를 단련시키는 방법을 배웠다. 또한 외국 순방 중에 화제의 물꼬를 틀 때도 중국과 순방국의 문학 경전을 인용하기도 했다. 앙겔라 메르켈 독일 총리와 이야기를 할 때는 〈파우스트(Faust)〉를 화제에 올리기도 했다.

장시간 말을 할 수 있는 힘은 어디에서 올까. 파도 파도 마르지 않는 화수분처럼 이야깃거리를 만들어내는 힘은 어디에서 올까. 배경지식은 단순히 많이 아는 상식사전을 의미하는 게 아니다. 도리어 깊이 있는 독서로부터 얻어진다. 저자를 따라가다 보면 한 세계가 열린다. 저자의 사유만큼 깊어진다. 배경지식도 그러하다.

요즘 덕후들이 많다. 기본적으로 마니아 문화가 있지 않는가. 한 작가의 웹툰을 좋아하면 다른 작품도 찾아 읽게 된다. 독서도 그렇게 할 수 있다. 저자가 흥미롭다면 완전 정복하게 된다. 베르나르 베르베르,

기욤 뮈소, 무라카미 하루키, 히가시노 게이고 등 신간 또는 기존 책을 두루 찾아 읽게 된다.

깊어지는 것들은 향기가 난다. 날것이 주는 가벼움과는 차원이 다르다. 숙성되어 저절로 익어가는 것들은 흔들리지 않는 중심 추 역할을 한다. 좌지우지, 부화뇌동하지 않을 수 있는 것도 이러한 체계성 때문이다. 독서 내공이 빚어낸 아름다움이다.

읽었으면 달라져야 진짜 독서

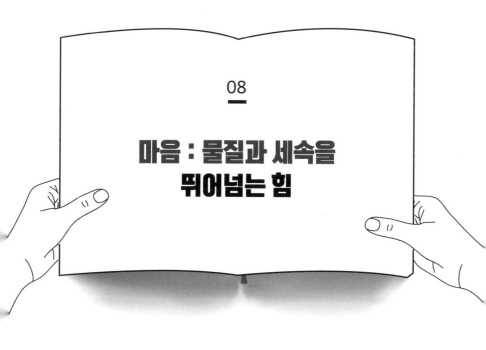

08

마음 : 물질과 세속을 뛰어넘는 힘

소명의식의 발견

〈행복한 청소부〉는 거리표지판을 닦는 독일의 청소부 아저씨에 관한 동화이다. 청소부 아저씨는 매일 파란색 작업복과 파란색 고무장화에 파란색 자전거를 타고 독일의 유명한 거리의 표지판을 닦는다. 그가 맡은 구역은 바흐 거리, 모차르트 거리, 쇼팽 광장, 괴테 거리, 빌헬름 부슈 광장 등 작가와 음악가들의 거리다. 아저씨는 자신의 일을 사랑했고 다른 어떤 일과도 바꾸고 싶지 않을 만큼 일에 대한 자부심이 강했다.

그러던 어느 날 아무 생각 없이 표지판을 닦는 데만 열중하던 그는 어느 모자의 대화를 듣고 망치로 얻어맞은 듯한 충격을 받는다. '글루크' 거리란 표지판을 보고 아이가 '글뤼크(행복)'를 잘못 쓴 것 아니냐고 묻자 어머니가 작곡가 이름을 따서 붙인 것이라고 가르쳐준 것이다. 유명한 사람들의 이름을 늘 코앞에 두고 있으면서도 정작 그들에 대해 아무것도 모른다는 사실을 깨달은 청소부 아저씨는 집에 가자마자 글루크, 모차르트, 바그너, 바흐, 베토벤, 쇼팽, 하이든, 헨델 등의 음악가와 괴테, 그릴파르처, 만, 바흐만, 부슈, 브레히트, 실러, 슈토름, 케스트노 등의 작가 이름을 써서 붙여놓고 공부를 시작한다.

음악가들의 연주가 있는 공연도 가고 노래도 외우고, 작가들의 책도 읽고, 시도 외우며 매우 열심히 공부했다. 어느 정도 궁금증이 풀리자 다음에는 도서관을 찾아 작가들의 글에 빠져들었고 시립 도서관 최고의 단골손님이 되었다. 그리고 음악가와 작가들에 대한 평론집마저 섭렵했다. 그 후부터는 표지판을 닦으며 음악가들의 노래를 부르거나 작가들의 글을 외우면서 청소했다. 시를 읊조리고 오페라 아리아를 흥얼거리는가 하면 듣는 이 아무도 없는 혼자만의 음악 강연, 문학 강연을 열기도 했다.

그런데 언제부터인가 그의 작업현장에는 늘 사람들이 몰려 청소부의 노상 강연에 귀를 기울였다. 심지어 TV방송의 기자도 달려와 그를 전국 유명인사로 만들었다. 급기야 여러 군데의 대학에서 강연 요청까지 들어왔다. 그는 정중하게 거절한다.

읽었으면 달라져야 진짜 독서

"저는 종일 표지판을 닦는 청소부입니다. 강연을 하는 건 오로지 제 자신의 즐거움을 위해서랍니다. 저는 교수가 되고 싶지 않습니다. 지금 제가 하는 일을 계속하고 싶습니다."

직업은 생계직, 천직으로 나눌 수 있다. 생계직은 먹고 살기 위해 하는 일이다. 언제든지 기회만 되면 그만두고 싶다. 반면 천직은 보람이 크며, 소명을 실천하기 위한 것으로 평생 지속하려 하고 공헌에 대해 자발적이다. 어디에 초점을 두느냐에 따라 직업은 생계직과 천직으로 나뉜다. 책과 음악을 접하기 전까지 청소부에게 청소는 생계를 위한 직업이었으나 책을 읽고 음악을 들으면서 그는 소명을 발견한다. 청소는 그에게 천직이 되었다.

책이 마음의 부자를 만든다

사회비평가이자 언론인 언 쇼리스는 살인사건으로 복역 중이었던 한 여죄수에게 "사람들이 왜 가난하다고 생각하는가?"라고 물었다. 이에 죄수는 "시내 중심가의 잘 사는 사람들이 누리는 정신적인 삶이 사람들에게 없기 때문이죠."라고 답했다. 얼 쇼리스가 생각한 답변과 너무 달랐고 그에 놀라서 "그럼 당신은 정신적인 삶이 무엇이라고 생각하는가?"라고 물었더니 그녀는 "극장과 연주회, 강연, 박물관 같은 것이지요. 그냥 인문학을 말하는 거예요."라고 했다.

이 말에 충격을 받은 그는 로베르토 클레멘테 가정상담센터에서 인문학을 배울 수 있는 교육과정을 개설했다. 그리고 그 이름을 '클레멘테 코스'라고 명명했다. 이 인문학 강좌는 역사, 철학, 예술, 문학, 글쓰기 등 총 다섯 과목으로 구성되었다. 소외된 사람, 경제적으로 어려움에 처한 사람은 누구나 강좌를 신청할 수 있었다. 언 쇼리스의 클레멘테 코스는 미국을 넘어 캐나다, 멕시코, 우리나라에도 영향을 주었다. 이 교육과정은 인문학을 통해 사회적 약자들을 지역사회, 국가 등 공적인 세계로 이끌어내는 것이 목표였다.

캐나다 토론토의 조이스 초등학교 역시 이민자 자녀도 많고 학생들의 성적도 좋지 않았으며 폭력이 난무했다. 하지만 교장이 아이들의 상처를 치유하고 독서 능력을 키우겠다고 마음먹고 나서 도서관 벽을 헐었다. 도서관 중심으로 공간을 배치했고 도서관의 문을 열면 곧장 교실로 통하게 만들었으며 저학년은 교실에 서가를 꾸며 책을 넣어주었다. 이렇게 아이들이 책을 가까이 하여 독서가 습관이 되도록 했다.

치유의 힘

"피곤한데 군이 독서까지? 그 시간에 힐링을 하지……"

현대인에게는 일은 곧 삶이다. 휴양지로 떠나도 직업정신이 발휘되어 SNS 소통을 놓치지 않는다. 책과 가까워지기 힘든 환경이다. 우리 시대 워커홀릭들에게는 과연 삶의 균형이라는 것이 있기나 한 걸까.

책이 힐링이 되려면 초급 단계를 벗어나야 한다. 초보 딱지를 뗄 때는 가장 좋은 방법은 일정한 루틴을 만드는 것. 습관이 들면 중급 단계가 되고, 그러면 책이 일상 가까이 있다. 편안해진다는 것은 그만큼 물리적 시간을 들였다는 뜻이다. 시간과 열정을 투자하지 않고 익숙해질 수 있는 방법은 없다. 눈만 돌리면 온갖 즐거운 것들이 난무하는 세상에서 활자를 즐기기란 더더욱 쉽지 않은 일.

언젠가 아버지의 죽음으로 고뇌하는 지인에게 〈인생수업〉을 권한 적 있다. 죽음에 대해 쉽고도 명료하게 풀어놓은 텍스트였기 때문이다. 내가 위안을 받았다면 다른 누군가도 위안을 받을 수 있을 것이라는 생각에서였다. 〈아주 느린 시간〉 역시 죽음에 대한 해학을 담아 죽음을 넘어서게 하는 힘이 있다. 물론 법륜스님의 책도 더 쉽게 다가온다는 장점이 있다. 나뿐 아니라 독서를 해온 사람들은 주변에 적절한 책을 권해줄 수 있다. 읽었던 책들 중에서 적당한 것을 추천할 수 있다. 특히 아픈 시절을 지나거나 치유받아야 할 환경에 놓인 사람에게 독서의 힘을 알게 할 수 있다. 삶의 균형에 이르는 단계까지 우리는 독서 치유, 문장 치유가 얼마든지 가능하다.

5장

이 가난한 시대,
책을 읽지 않으면 무엇으로
영혼을 살찌우랴

– 독서를 권하는 8가지 이유

01

세상에
속지 않기 위해

오쇼 라즈니쉬는 〈그대 가슴속의 꽃을 피워라〉에서 만일 앵무새처럼 살아간다면 귀중한 인생을 놓친다는 것을 강조한다. 저자에 따르면 사람은 몸과 마음 두 가지로 이루어졌는데 마음은 사회에 의해 통제되고 몸은 생물학적 작용에 의해서 통제된다. 사회는 사상을 주입하여 마음을 통제하고, DNA는 수만 년 동안 생물학적 배경에서 몸을 통제했다. 이 통제는 무의식중에 이루어지기 때문에 우리가 알아차리지 못한다. 예컨대 오쇼는 이런 사례를 보여준다.

"왜 책의 뒷장을 뜯어냈죠?" 하고 멍하게 있는 의사에게 인내심 강한 아내가 물었다.

읽었으면 달라져야 진짜 독서

"미안해, 여보." 하고 저명한 외과의사가 말했다.

"당신이 말한 부분에 'Appendix(돌기, 부록)'라는 딱지가 붙어 있어서 생각 없이 떼어냈지."

이 의사는 평생 동안 사람들의 몸에서 충양돌기(appendix, 맹장 수술 때 제거하는 부분)를 제거해 왔다. 그래서 'Appendix'를 보자 자기도 모르는 사이에 손이 움직인다. 그런 식으로 우리는 영향을 받으며 살아간다. 이것이 무의식이 지배하는 삶이다.

오쇼는 자유로워지려면 완전히 깨어 있어야 한다고 설파한다. 깨어 있을 때는 몸과 마음의 함정에 빠지지 않을 수 있기 때문이다. 그때 진정한 자유로움이 영혼으로부터 흘러나온다. 그렇지 않으면 몸이 내 마음을 지배하거나 마음이 몸을 지배할 수 있다. 우리는 대부분 무의식적으로 살아간다. 마음의 차원에서 살건 몸의 차원에서 살건 그다지 차이가 없다.

나에게 오쇼 라즈니쉬는 각성제와 같다. 삶의 껍질을 밝히 보여주기 때문에 잠에서 깨어나도록 도와준다.

읽는 행위가 중요한 이유는, 무의식적으로 살지 않으려는 몸부림이기 때문이다. 세상에는 온갖 이데올로기가 난무한다. 지배적 이익집단은 시청각 매체를 활용하여 자신들의 의도를 지속적으로 이 사회에 주입시키려 한다. 언론에 나온 제목만 보더라도 내면에 깔린 의도가 있음을 눈치 챌 수 있다. 그 기사와 정보에는 거대 이익집단의 이데올로기가 내재되어 있다. 깨어 있어야만 그 이면을 꿰뚫어볼 수 있다.

자본주의에서는 많은 것들이 이해관계에 의해 지배된다.

생각 없이 살다가는 결국 사는 대로 생각하게 된다. 주체가 아니라 타자, 들러리로 생이 마감된다.

의미재구성법은 주체를 위한 책읽기를 말한다. 읽는 사람이 더 빛나는 이유는 자신의 삶을 기획하고 창조할 수 있기 때문이다. 주체적 책읽기는 주체적 세상 읽기로 확대된다. 세상 역시 텍스트로 보고 의미재구성을 할 수 있다. 능동적 세상 읽기를 포기한 사람은 주어진 대로 반응하며 살 수밖에 없다. 반면 능동적 읽기에 나선 사람은 자신의 자유를 쟁취하기 위해 사유라는 거름망으로 정보를 거른다. 비판적 입장을 견지하며 낡은 이데올로기의 껍질을 벗기고 이익집단의 유혹적 논리로부터 참자아를 지켜낸다.

인생에서 정말 중요한 것을 분별하는 힘

〈월든〉의 저자 헨리 데이비드 소로는 시대를 앞서간 미국의 작가다. 당시 미국은 산업혁명을 겪으며 아메리카 드림의 성공 신화에 매달리고 있었다. 이런 시대에 소로는 숲으로 들어가 자기 손으로 집을 짓고 혼자 살았다. 당대엔 기행이라고 외면받았지만 현대인에게 〈월든〉은 영혼이 기댈 언덕이 되었다. 실천적 초월주의자인 소로는 미국적 삶의 주류에 정면으로 반기를 든 실험적 선구자였다.

그는 내면의 풍요로움, 검소한 삶, 자급자족의 삶을 강조하였다. 이 외에도 자연친화적인 삶을 중시하여 정부와 사회에 대해 간접적으로 저항한 생태주의자였다. 훗날 그의 사상은 법정스님과 러시아의 대문 호 레프 톨스토이, 인도의 국부 마하트마 간디, 미국의 마틴 루터 킹 목사, 넬슨 만델라 남아공 대통령을 비롯한 많은 이들에게 영향을 끼 쳤다.

본질을 볼 줄 아는 인생은 덜 소모적이다. 눈만 뜨면 출현했다 사라 지는 것들에 마음을 주기엔 우리의 에너지가 너무 부족하고 너무 아 깝다. 읽는 사람은 이러한 소모전에서 조금은 비껴갈 수 있다. 중요한 것과 덜 중요한 것의 구분이 수월하기 때문이다. 맥락을 알기에 중심 과 잔가지들을 구분할 수 있다. 통찰로부터 중심과 언저리를 구분하 는 능력이 키워진다. 그래서 몸만 바쁜 인생이 되지 않을 가능성이 높 다. 세상의 속임수에서 탈출할 수 있는 힘도 여기에 있다.

'우리는 어떤 시대를 건너가고 있을까. 4차 산업혁명의 시대 나의 직 업은 어떻게 진화되고 있는 걸까. 참자아는 무엇일까. 그 소명을 향해 가고 있는가.'

이런 질문을 던지고 있다면, 그는 읽는 사람이다. 이들은 평소 삶에 서 맞닥뜨리는 문제에 집중하고 있다. 그것이 늘 깨어 있는 자세이기 도 하다.

깨어 있음······ 당신에게 독서를 권하는 첫 번째 이유다.

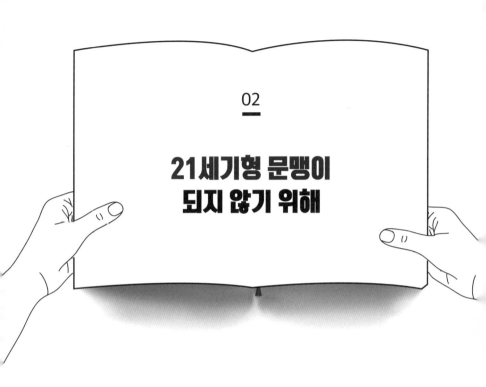

02

21세기형 문맹이
되지 않기 위해

최소량의 법칙이 있다. 독일의 화학자 J. F. 리비히는 식물의 성장을 눈여겨보다 특이한 점을 발견했다. 그는 식물의 성장은 필요한 요소들의 합이 아니라 필요한 요소 중 양이 가장 적은 어느 한 요소에 의해 제어된다는 사실을 알아냈다. 이것이 바로 '최소량의 법칙'이다. 만약 식물의 성장에 질소, 인산, 칼륨의 3가지 영양소가 필요하다고 가정해 보자. 이때 인산, 칼륨이 아무리 풍부해도 질소 성분이 부족하면 식물은 질소를 소진할 때까지만 성장한다.

사람 역시 마찬가지다. 학벌, 외모, 경제력, 직업, 배경이 괜찮아도 인품이 함량미달이면 그 사람의 성장도 거기까지다. 최소량의 법칙이 그의 성장에 발목을 잡는다.

우리 사회의 부단한 경쟁과 자기계발 방법을 볼 때 가장 부족한 영양소는 역시 인품이나 지혜와 같은 정신적인 것들이다. 우리가 열심히 개발한 모든 것은 결국 정신의 함량 미달에 딱 맞게 성장을 멈추고 만다. 뒤르켐이 주창한 아노미(anomie)도 마찬가지다. 사회적 변혁기에 기존 규범이 흔들리고 가치관이 붕괴하면서 나타나는 사람들의 불안정 상태를 의미하는 이 단어는 만일 우리의 정신이 새로운 시대에 대응할 만큼 충분히 성숙하지 못할 경우 정신적 타격을 입을 수 있다는 것을 이론적으로 보여준다. 정신과 관련된 이 문제를 해결하지 못할 때 사회의 급격한 변화는 설령 그것이 발전이고 진보라고 하더라도 구성원들에게 심각한 혼란을 일으킨다.

이처럼 인품이나 지혜를 보충해주는 방법으로 독서만 한 것이 없다. 오늘날의 문제를 해결하기 위해 역사에서 배우듯이 우리는 과거의 정신적 유산을 오늘날에 의미재구성하여 정신의 자양분으로 삼아야 한다.

센다 야쿠야는 〈인생에서 가장 소중한 것은 서점에 있다〉에서 지식은 단편적인 것에 불과하므로 돈이 될 수 없다고 말한다. 더구나 요즘처럼 원하는 지식을 다양한 매체를 통하여 공짜로 습득할 수 있는 시대에는 더 그렇다는 것이다. 반면 지혜는 어디에서 오는 걸까. 여기에 대한 답변으로는 '책을 통한 지식의 축적'을 강조한다. 왜 책인가? 한 쪽짜리 블로그도 아니고 열 쪽 남짓한 다이제스트 보고서도 안 된다.

저자의 인식 체계와 나의 주관이 부딪히고 토론하는 200쪽 남짓의 책이어야 비로소 축적이 가능하다는 것이 센다 야쿠야의 주장이다.

저자는 방대한 양의 책을 읽다 보면 그동안 쌓아온 지식이 지혜로 바뀌는 순간이 찾아온다고 말한다. 항아리의 물이 넘치는 티핑포인트이자 마라토너들을 미치게 만드는 세컨드 윈드다. 그 순간은 평범한 인간이었던 존재를 별안간 다른 존재로 만들기도 한다. 독서가 즐거운 것도 이 순간 때문이다. 축적된 텍스트가 배경지식이 되어 함께 우르르 쏟아져 나오는 찰나의 기쁨 때문이다. 책을 읽는 사람들만이 느끼게 되는 희열이다. 그동안 만들어진 시냅스에 다른 시냅스가 연결되면서 새로운 개념이 창조된다. 과거에 읽은 것들에 하나가 더해지면서 시너지가 난다. 이런 경험이 없는 사람은 현대판 문맹이 될 수 있다.

현대판 문맹은 독해 무능력자를 의미한다.

이들은 문맥상 의미를 파악하려 들지 않고 정보 하나의 의미나 단어 하나의 뜻에 매달린다.

맥락을 모르면 업무도 못한다

프로젝트를 하다 보면 맥락을 보지 못하고 부분에 집착하는 문맹들

읽었으면 달라져야 진짜 독서

과 만나곤 한다. 글자를 몰라서가 아니라 문맥에 대한 이해도가 낮다. 조금 어려운 문장이라도 나올라치면 속도가 느려진다. 두세 문장 이상 복잡하게 꼬이면 독해에 오류가 생긴다. 간단하게 말해서는 잘 알아듣지 못한다. 처음부터 끝까지 길게, 설명해줘야 한다. 결국 시간 낭비, 에너지 낭비가 발생한다. 매우 친절하게 풀어 설명해줘야 하기에 전체 업무에 차질을 빚을 수도 있다. 독해 능력 차이는 곧 업무처리 능력과 연관된다. 시간이 몸값이라면 말이다.

디자이너 역시 텍스트 소화 능력에 따라 선택하는 이미지가 천차만별이다. 텍스트의 이해 정도에 따라 디자인의 스펙트럼은 달라진다. 디자이너가 단지 디자인만 해서는 곤란하다. 편집 디자인이란 텍스트에 담긴 주제를 형상화하는 작업이기에 결코 텍스트와 무관하지 않다. "난 디자인만 해요." 이런 게 요즘 통할 리 없다. 대부분 맥락 파악의 중요성을 잘 인식하지 못하고 디자인과 내용은 별개라고 생각한다.

모든 업무는 텍스트를 이해하는 데서 출발한다. 어떤 업무든 텍스트와 연동되지 않는 것은 없다. 소소한 디자인이라도 개념이 있어야 형상화가 가능하다. 디자인이 업이라면 텍스트에 대한 이해를 위해 기본적인 독서는 필수이다. 독서하지 않은 디자이너는 자기 힘으로 카피(copy) 하나 뽑을 줄 모른다. 여기에서 연봉의 차이가 발생한다. 요즘 간단한 것은 디자이너가 알아서 처리할 것을 요구한다. 협업 과정에서 디자이너의 역량은 매번 시험대에 오른다.

"'킨들' 같은 이북(e-book) 하나에 방대한 정보를 저장해 들고 다니면서, 수백 장 텍스트 가운데 간단한 검색만으로 필요한 정보를 찾아낼 수 있다는 것은 '디지털 읽기'의 매우 강력한 장점입니다."

미국 텍사스 오스틴대 앤드루 딜런(Andrew Dillon) 정보학장은 조선일보와의 인터뷰에서 이렇게 말했다. 그는 "무조건 종이책으로 읽는 것이 좋고 디지털 읽기는 배제하자는 얘기를 하려는 것이 아니다."고 덧붙였다. 짧고 그림이 많은 텍스트를 읽거나 특징 정보를 빨리 찾아내야 할 때는 디지털 읽기가 효과적이지만 긴 글의 논리를 파악하고, 유용한 정보를 분류해 오래 기억하기 위해서는 종이책이 가장 좋다고 말한다.

디지털 읽기는 이해력을 떨어뜨리는 방해 요소가 많고, 뇌가 정보를 분류하는 데 사용하는 위치 단서가 무의미해지기 때문에 몰입 독서(deep reading)가 불가능하다는 것이다. 딜런 학장은 디지털 기기에 익숙해진 사람들은 글을 읽기 위해 예전보다 몇 갑절은 더 노력해야 한다며 "스마트폰이나 노트북으로 기사를 읽는 독자의 30%가 첫 문단도 끝내기 전에 다른 기사로 링크를 타고 넘어가거나, 스크롤을 내려 띄엄띄엄 읽는다. 끝까지 읽는 경우에도 종이책으로 같은 양을 읽는 것보다 20% 이상 오래 걸린다."고 했다.

프로젝트마다 이합집산을 하는 N분의 1 job 시대, 독서하지 않는 개인의 생명력은 짧다. 오너가 되더라도 텍스트의 이해 정도에 따라 업무 처리 속도는 달라진다. 마감이 생명인 세계에서 독서 내공은 가

읽었으면 달라져야 진짜 독서

장 크게 직업의 세계에 영향을 미친다.

피터 드러커는 "지식근로자들은 자신이 필요로 하는 지식을 스스로 보유하고 있다. 결국 그들은 '스스로 생산수단을 소유하고 있는' 셈이다. 게다가 그들은 자신의 생산수단을 어디에나 가지고 갈 수 있다. 그것은 그들의 머릿속에 있는 것이다."라고 했다. 이러한 지식의 생산수단을 누구나 가질 권리가 있다. 지금처럼 서적이 방대한 시대라면 그것을 누리는 것도 하나의 능력이라고 할 수 있다. 생산수단을 소유할 기회를 만든다는 의미에서 영화관을 한 달에 한 번씩 가듯 서점가는 날을 정하면 어떨까. 자주 가다 보면 좋은 일이 생길 것이다.

21세기형 문맹 탈출…… 당신에게 독서를 권하는 두 번째 이유다.

03

한계를 극복하는
사람이 되기 위해

저자 이노우에 히로유키는 〈배움을 돈으로 바꾸는 기술〉에서 다른 사람이 해줄 수 있는 일은 되도록 아웃소싱하고 자신이 아니면 안 되는 일에만 시간을 써야 한다고 주장한다. 컴퓨터 관리는 컴퓨터 시스템 관리회사에 위탁하고 문제가 생기면 전화 한 통으로 해결할 수 있다. 또한 논문과 책 원고는 초고를 쓴 다음에 입력은 아르바이트나 전문가에게 맡긴다. 직접 할 수도 있겠지만, 그 시간을 새로운 과제에 쓰는 것이 더 생산적이라는 생각 때문이다. 세상에는 그 일을 저자보다 잘하는 사람이 많기에 잘 못하는 일은 그 일을 잘하는 사람에게 맡긴다는 것이다.

읽었으면 달라져야 진짜 독서

아웃소싱하는 돈이 아깝다고 직접 하면 그만큼 절약한 셈이 될까? 저자는 약간의 비용을 지출하는 것이 오히려 이득이라는데 그 이유는 잘 안 되는 약점을 극복하는 것보다 잘하는 일을 더 확장하는 편이 큰 성과를 얻을 수 있기 때문이다. 그렇게 아낀 시간에 저자는 치의학 박사이자 동시에 경영학 박사 학위, 두 가지를 땄다. 자신을 '희소금속화'하여 가치를 높일 수 있었다. 마찬가지로 자신의 병원도 '희소금속화'에 성공했다. 전문 분야의 최신정보나 기술을 빠르게 습득하고 자기계발과 관련한 배움도 실행한 것이다.

'열심히'가 결과를 보장하지 않는 시대가 되었다. 무엇을 할 것인가가 중요하다. 그것은 주체로 살아가고자 하는 사람에게 자명한 일이어야 한다. 사유능력을 가진 주체만이 방향에 대한 가치, 시간에 대한 가치, 자신에 대한 가치를 부여할 수 있다.

책에서 탄생한 두 거인, 피터 드러커와 벤저민 프랭클린

피터 드러커는 20대에 독일 프랑크푸르트에서 기자 생활을 했다. 그는 모름지기 신문 기자라면 여러 가지 주제의 글을 다룰 줄 알아야 한다고 여겼고, 그래서 3년 또는 4년마다 다른 주제를 선택해서 공부했다. 그가 공부한 분야는 통계학, 중세 역사, 일본 미술, 경제학 등 다방면에 걸쳤다. 3년 정도 공부한다고 해서 그 분야를 완전히 터득할 수는 없겠지만 해당 분야에 대한 이해는 충분히 높일 수 있다.

그런 식으로 그는 60여 년 동안 3년 내지 4년마다 주제를 바꾸어 공부했다. 이 방법은 상당한 지식을 쌓을 수 있도록 해주었을 뿐 아니라 새로운 주제와 새로운 시각 그리고 새로운 방법에 대한 개방적인 자세를 취할 수 있도록 도왔다. 하나의 주제를 학습한다는 것은 대학원 과정을 수료하는 것과 유사하다. 학사학위를 받고 대학을 졸업한 이후에도 우리의 인생은 지속된다. 진짜는 학위 이후부터다. 여기에 독서라는 세계를 빠뜨릴 수 없는 것은 새로운 인식의 지평이 열리는 앎의 기회 때문이다. 지적 호기심이라고나 할까. 한 세계에 입문하면 한 권의 책이 두세 권이 되고 급기야 열 권을 넘게 된다.

한 개인이 활용할 수 있는 물리적인 시간과 에너지에는 한계가 있다. 이를 대신할 수 있는 게 간접체험인 책이다. 명·청 시대의 이야기든, 로마 시대의 상황이든, 2차 대전 덩케르크 이야기든, 중세나 또는 대공황기든 모두 책을 통해 간접 경험할 수 있다. 현실에서 얼마든지 시공간 이동이 가능하다. 문자로 기록된 모든 역사와 경험은 책을 통해 흡수 가능하다.

벤저민 프랭클린은 신문사 경영자이자 교육가, 계몽 운동가였다. 정규교육은 2년밖에 받지 않았지만 끊임없는 독서로 많은 업적을 남겼다. 성장기에는 집에서 가까운 곳에 도서관이 있었고 집에는 아버지의 서재가 있어 마음껏 책을 읽을 수 있었다. 아버지는 그가 책읽기를 좋아한다는 사실을 알고 형에게 보냈다. 형은 인쇄업을 하고 있었기 때문에 좋은 책들을 많이 접하게 되었다. 책방의 점원들과도 친해져 책을 빌려 볼 수 있었는데 저녁에 빌려와 아침에 돌려주어야 했기에 밤을 세우다시피하며 읽었다.

심지어 책을 살 돈을 마련하기 위해 채식주의자가 되었던 그는 동료들이 밖에 나가 식사할 때도 건포도나 비스킷을 먹으며 책을 읽었다. 식비를 줄여 책을 구입하고 읽은 책을 다시 팔아서 책값을 마련하기도 했다. 이렇게 모든 것을 독학으로 공부했던 그는 책을 읽을 때 항상 메모 도구와 사전을 준비하였고 다른 사람들에게도 이를 권하였다. 그가 지은 〈가난한 리처드의 달력〉은 개성 있는 독서의 결실이었다. 책에서 읽은 것들을 변형하고 자신의 감각을 불어넣어 리처드의 격언으로 만든 것이다. 그는 42세에 인쇄업에서 은퇴하고 언론, 외교, 과학, 정치, 경제에서 성공을 거둔 후 미국 최초의 외교관이 되었다.

석사 과정이 별건가?

대학원 과정은 책 몇 권 정하여 한 학기 동안 발표하는 것을 기본으로 한다. 한 챕터씩 발제자를 정하여 읽어나간다. 교수들은 보충을 해주는 정도에서 그친다. 발제자는 강사가 되어 핵심을 찾아나간다. 페이퍼도 발제자가 준비한다.

사실 책만 잘 읽어낼 수 있다면 대학원 수업은 독학하는 것과 마찬가지다. 석사 과정이라면 50권 읽고 학위가 끝날까. 개인도 2년 동안 얼마든지 50권을 읽을 수 있다. 시간상 대학원을 다니지 못한다면 전공 관련 도서를 추천받아 읽을 수 있다. 대학원 수업에서는 교수의 도움은 크게 필요하지 않다. 결국 자신의 배경지식을 쌓아나가는 촘촘한 공부가 더 중요하다. '아트 앤 스터디' 같은 강사 좋은 아카데미도 많다. 또한 어려운 책을 해석해줄 사람이 필요하다면 얼마든지 질 좋은 강의를 찾아 들을 수 있다. 회원제가 많으니 꾸준히 읽어나갈 계기도 된다.

그러나 스스로 책을 읽는 방법이 체계화되어 있다면? 굳이 남의 도움 없이도 얼마든지 공부할 수 있다면?

우리는 앞에서 책의 노트화나 사유의 체화 과정에 대해서 이야기를 나누었다. 문맥이나 행간의 의미 파악이 무엇인지 살펴보았다. 뮤즈의 왕림이 왜 중요한지 알게 되었다. 흔적을 남기는 독서가 얼마나 지력 향상에 도움이 되는지도 배웠다. 이 모든 과정이 의미재구성 독서법으로 정리된다는 것도 알았다. 책, 이것이 자기 발전의 최고위 과정이다.

한계 극복······ 당신에게 독서를 권하는 세 번째 이유다.

읽었으면 달라져야 진짜 독서

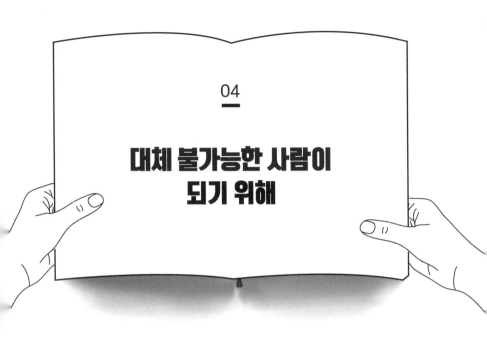

04

대체 불가능한 사람이
되기 위해

4차 산업혁명으로 단순 사무직은 사라지고 저숙련과 고숙련 일자리로 양극화될 것이란 전망이 나왔다. 칼 프레이 영국 옥스퍼드대 교수는 세계경제연구원의 '직업의 미래, 이번엔 다른가.'라는 주제의 강연회에서 과거 산업혁명이 제조업의 자동화였다면 4차 산업혁명은 서비스업의 자동화이며 탈산업화이기에 현재 미국에 있는 일자리 중 47%가 자동화되어 기계로 대체될 수 있다고 내다보았다. 단순 서비스업보다 단순 사무직이나 건설, 영업, 서비스 등의 분야에서 기계로 대체될 수 있으며 자동화가 어려운 직무가 많지는 않을 것이라는 이야기다.

4차 산업혁명으로 사라지는 직업이 많지만 새로운 직업도 많아질 것이다. 칼 프레이 교수는 "불과 10년 전과 비교해도 새로 생겨난 직업이나 일자리가 많다. 다만 바이오 테크나 디지털 기술 등 특정 분야에 집중되어 있다. 4차 산업혁명으로 새로 생겨나는 직업들도 특정 분야나 특정 지역에 치중될 것이며 그로 인해 경제 활동이 편중되는 현상이 생기며 양극화도 심해질 수 있다."고 설명했다. 지난 미국 대선 때도 자동화로 인해 실직할 수 있는 지역일수록 당시 공화당 후보에 대한 지지율이 높았는데 직업이 사라질 수 있다는 위기감이 트럼프를 찍게 했다고 말했다.

우리는 예측 불가능한 시대를 살아가고 있다. 그런 이유로 인생 2막, 3막을 제대로 꾸려나가고자 하는 사람들이라면 적당한 시기에 터닝 포인트를 꿈꾼다. 완벽한 시기라는 것은 없다. 앞으로 나아가든 물러나든 별반 차이 없을 때라면 나아가야 한다. 앞으로 나아간 만큼 이익일 수 있기 때문이다. 노후가 길어졌다 한들 그것이 재앙이 되지 않으려면 노후 시간을 가치 있게 보내기 위해 계획을 세워야 한다. 세상은 LTE급 속도로 변하고 있다. 도전을 선택한 사람들은 변화에 등 떠밀리기 싫은 사람들이다.

모든 시대의 예언자들은 예측 불가능성을 다루는 법을 배워야 했다. 그들은 보이는 게 전부가 아님을 알고 있었고, 그래서 변화는 예측될 수 없음을 알고 있었다. 그들의 관심은 예측하기 힘든 변화 앞에 선 사람들이 흔들림 없는 사람이 되어야 한다는 데 맞춰졌다. 흔들림

읽었으면 달라져야 진짜 독서

없는 사람이란 누굴까? 물결에 휩쓸리지 않는 주체적 역량을 갖춘 사람을 의미한다. 그들은 대체 불가능한 사람들이다.

일에서든 인생에서든 기획하는 인간만이 뒤통수치는 변화를 감당해낼 수 있다. 나와 내 주변의 삶을 설계해야 이런 예측 불가능성으로부터 조금은 비껴갈 수 있다. 이때 책은 등불이 된다. 어둠을 물리치는 빛이 된다.

차이를 만드는 독서

독서가로서의 삶은 저성장 시대를 살아가는 우리 모두에게 필요하다. 계속 길을 가게 만드는 힘도 여기에서 생긴다. 지금까지 살아온 고성장 시대를 지나 우리는 지리멸렬한 저성장시대를 견뎌야 한다. 많은 책이 저성장 패러다임에 대해 말하고 있다. 배경지식이 풍부해져 참고서와 같은 수준이 된다면 인생 기획도 한결 수월해질 것이다. 기획하는 사람은 파이가 한정적이라고 생각하지 않는다. 무한대라고 생각하기에 내 것을 뺏기지 않을까 의심하지 않는다. 기획하는 사람은 곧 창조하는 사람이다. 없는 것을 만들어 내거나 융합, 통합을 시도하는 사람들이다.

세인트존스대학은 책만 읽히는 학교로 유명하다. 4년 내내 고전 100권을 읽고 토론하는 것이 공부다. 1학년 때는 고대와 그리스 시대,

2학년은 로마와 중세시대, 3학년은 17~18세기, 4학년은 19세기부터 최근까지 사상가들의 책을 읽고 토론하며 글쓰기 훈련을 받는다. 이 학교 졸업생들은 "어떻게 하면 더 나은 사고자가 될 수 있는가."를 배웠다. 또 "세계를 바라보는 폭넓은 시각을 배웠으며 원전을 찾아보고 거기서 자신의 고유한 결론을 도출하는 과정의 중요성을 배운 것"이 가장 큰 교훈이었다고 밝힌다.

크리에이티브 디렉터 박웅현은 "사실 창의성을 기르기 위해서 무엇을 해야 하는 건 없습니다. 영화를 보면 잘 보고 책을 보면 잘 보는 것, 즉 뭘 하든 안테나를 세우고 '잘' 하면 됩니다. (……) 안테나는 알랭드 보통 책에서 나온 비유인데, 아이디어는 전파, 창의력은 안테나에 비유합니다. 우리 주위에는 아이디어가 마치 전파처럼 가득 차 있다는 겁니다. 라디오를 켜면 안테나는 전파를 잡아서 우리에게 '어떤 의미'를 전달해준다는 것이지요. 물론 세상은 아는 만큼 보이기 때문에 책을 많이 읽어야 더 많이 그리고 잘 보이기도 합니다. 그러나 읽더라도 '잘 읽어야' 합니다."라고 말한다. 그는 창의성의 비밀은 잘 읽는 인문학적 소양에 있음을 강조한다.

인생 후반전 잘나가는 개인은 어떤 변별력이 있을까. 그것은 대체 불가능한 인간이라는 데 있다. 그들은 종횡무진 실력을 발휘한다. 대체 불가능성을 만들기 위해 그들은 끊임없이 진화한다. 경제학자 새뮤얼슨은 물리학을 포함한 과학에 관심을 기울이면서 거기에서 얻은 개념들을 경제학에 도입했다. 새뮤얼슨 이전까지만 해도 경제학을 창

읽었으면 달라져야 진짜 독서

의적인 노력이 필요한 학문이라고 생각하는 시각은 별로 없었다. 엄격한 규율쯤으로 여겼던 경제학에 대한 고정관념을 새뮤얼슨이 바꿔놓았다. 법률, 회계, 세무, 법률, 보험, 행정 등에서도 창의성이 발휘될 수 있었다. 하나의 길을 가는 사람에게도 이렇게 배경지식을 접목하는 진화가 필요하다. 그게 당신을 없어도 되는 그림자 취급에서 벗어나도록 도와준다.

대체 불가…… 당신에게 독서를 권하는 네 번째 이유다.

05

내 인생의 콘텐츠를
만들기 위해

작가 채사장은 2년이 채 안 되는 기간에 〈지적 대화를 위한 넓고 얕은 지식 1, 2〉와 〈시민의 교양〉을 펴냈다. 저자의 책은 여러 분야의 지식을 하나의 맥락으로 연결하여 독자들의 생각을 자극하고 있다. 하나의 개념을 소개하고 이를 문화, 역사, 정치 등과 연결시킨다.

한 방송에서 그는 자신의 아이큐가 98이었다고 고백했다. 고교시절, 문과생 290명 중 280등이었을 정도로 공부를 못하는 학생이었다. 그러다 고등학교 3학년의 어느 날 '태어나서 책을 한 권도 안 읽었구나.'라는 생각이 들었단다. 그는 도스토옙스키의 장편소설 〈죄와 벌〉을 읽었다. 이를 계기로 문학을 공부하기 시작했다. 국문학과에 진학하고 철학과를 복수 전공했다. 그리고 하루나 사흘에 한 권씩 꾸준히 책을 읽었다. 그렇게 대학 시절 400~500권의 책을 독파했다. 대충 훑어본 책까지 합치면 대략 천 권의 독서였다. 독서량이 쌓이자 어느 순간부터 "뇌가 알아서 처리하는 지경"에 이르렀다고 유머러스하게 표현한다.

'지의 거장'으로 불리는 일본의 저널리스트 다치바나 다카시는 다양하고 폭넓은 독서로 '르네상스형 만능지식인'이라고 불린다. 그는 자연과학과 인문학처럼 연관성을 찾기 힘든 분야를 넘나들며 책을 썼다. 35세에 이미 다양한 주제를 공부했는데 이런 말을 남겼다.

"나에게는 이미 두 권의 저서가 있다. 한 권은 생태학에 관한 책이고 한 권은 경제학에 관한 책이다. 그리고 현재 두 권을 집필하고 있는 중이다. 한 권은 다나카 가쿠에이에 관한 것이고 또 한 권은 중핵파(혁명적 공산주의자 동맹 전국 위원회)와 혁마르파(일본의 혁명적 공산주의자 동맹, 혁명적 마르크스주의자파) 간의 대립에 관한 것이다. 그리고 다시 두 권 정도를 준비하고 있는데 한 권은 팔레스타인 문제에 관한 것이고 다른 한 권은 중학생을 위한 인생론, 사회론에 관한 것이다. 나는 가끔 강연 의뢰를 받고 나가기도 한다. 강연의 테마는 기상이변, 식량문제, 경제전망, 정보정리, 공해 등 다양하다. 잡지에 실릴 글을 청탁받았을 때의 테마는 더 광범위해진다. 범죄, 스캔들, 생물학, 육아, 심리학, 학생운동, 공산당, 방위문제, 석유문제, 도시문제 등 모든 테마에 관해 수차례 걸쳐 글을 썼다. 나 자신조차 질릴 정도로 광범위한 테마로 글을 썼다."

그는 나이가 들어서도 뇌 문제, 우주문제, 임사체험, 원숭이학 등 많은 주제를 다루었다. 호기심이 많아 다방면에 걸쳐 공부했고 전문가적인 지식을 가지려고 책을 파고들었다. 자신이 알고 싶은 분야를 연구할 때는 기본적으로 1미터 높이 분량의 책을 독파하고 묵직한 주제의 경우 3~4미터 높이 분량의 책을 읽는다고 한다.

인생의 기획자가 되라

콘텐츠를 기획하는 방법은 여러 가지가 있다. 예컨대 다치바나처럼 단행본을 쓴다고 가정해 보자. 가장 먼저 할 일은 키워드 정하기다. 하나의 키워드로부터 모든 기획이 출발한다. 직업 관련 키워드를 일차적으로 추천한다. 키워드가 정해지면 다음 7단계를 밟아간다.

첫째, 키워드에 따른 관련 도서를 찾아 읽는다. 온오프라인으로 검색한다. 관련 도서가 많다면 목차를 보고 적합한 것을 고른다. 또는 저자 프로필을 살펴 신뢰성이 담보된 책을 구한다. 관련도서는 많으면 골라야 하고 없으면 기사나 논문까지 찾는다.

둘째, 나만의 차별화를 콘셉트로 정한다. 나는 무엇을 말할 것인가? 내가 말하거나 글을 쓸 때는 분명 내 철학이 담겨야 한다. 내 사유가 정리되어야 잘 말하고 잘 쓸 수 있다. 생각이 명료해지려면 그만큼

읽었으면 달라져야 진짜 독서

의 배경지식이 쌓여야 한다.

셋째, 구조를 짠다. 각 장의 목차를 정한다. 이 작업은 구상이 구성으로 현실화되는 단계다. 막연하게 생각했던 하나의 덩어리가 구체적인 요소로 세분화된다. 목차 짜기는 내가 모은 기사 스크랩이나 읽은 단행본이 바탕이 된다.

넷째, 1장은 문제제기, 2장은 나만의 관점, 3장과 4장은 솔루션, 5장은 총론으로 마무리할 수 있다. 각 장은 전체 주제를 뒷받침하는 내용으로 정한다. 또한 각 꼭지들은 장을 뒷받침해야 한다. 그것을 위해 일목요연한 자료 취합이 중요하다.

다섯째, 초고를 쓴다. 일정한 시공간을 마련한다. 그리고 마감일을 정하여 일주일에 어느 분량을 쓸지 도표로 만든다. 초고는 될 수 있으면 짧은 시간 단숨에 쓸 것을 요청한다. 작심삼일이 되기 쉽기 때문이다.

여섯째, 시간을 두고 독서한다. 이때의 독서는 생각 정리를 돕는다. 개념이 더 명확하게 잡힌다. 내 생각이 한 번 더 갈무리된다. 초고를 쓰기 전 독서와 퇴고 때에 하는 독서는 질적으로 다르다.

일곱째, 퇴고한다. 소리 내어 읽으면서 여러 번에 걸쳐 글을 고친다. 컴퓨터 화면으로 보거나 또는 프린트로 뽑아 보는 등 각자의 방법에 따라 수행한다. 아무래도 프린트로 뽑을 때 더 세밀한 퇴고를 할 수 있다.

이것은 하나의 키워드에 따른 단행본 기획이지만 단행본이 아니어도 구성은 비슷하다. '문제제기-내 관점이나 주장-노하우나 방법론-총론'과 같은 구성이 대부분이다. 하나의 키워드를 풀어나가는 형식론이기 때문이다. 이것은 조바심 내지 않아도 독서 이력이 어느 정도 되었을 때 내 안에서 밖으로 흘러넘치게 된다. 인풋이 많다면 아웃풋으로 전환되는 날을 빠르게 만날 수 있다. 독서는 다른 것보다 '삶의 기획'이라는 측면에서 바람직하다. 일의 기획, 인생의 기획, 일상의 기획을 하는 기획자로서 살아길 수 있다.

작가 사이토 다카시는 "사물을 자기 식대로 판단할 능력이 없는 사람에게는 매우 불리한 시대가 올 것이다. 생각하는 일, 즉 일을 기획하고 그것을 실행하거나 프로젝트를 만들어서 수행할 능력이 있는 사람이 정사원으로 회사의 중심이 된다. 그 이외에 누구나 할 수 있는 직종은 아르바이트나 파견사원으로 구성될 것이다. 결국 생각하는 능력이 있느냐 없느냐가 그 사람의 인생을 크게 좌우하게 된다."라고 했다.

아이디어 발굴은 생산의 범주에 속한다. 잠깐 멈춰 서 텍스트를 내 일상에 대입해 보며 발상을 전환하는 시간을 가져야 한다. 이런 의미 재구성은 연습을 거치며 발전할 수 있다. 텍스트에 재구성을 더하면서 우리의 삶은 점점 성장하게 된다. 타인이 만든 길을 걸어가는 사람이 아니라 자기 길을 만들며 걷는 사람이 삶의 주인공이다. 어떤 분야에 있든지 10년 정도라면 독서 자본이 축적된다. 읽는 경험은 훗날 자신의 경험을 타인들과 공유하는 데도 그 역할을 톡톡히 할 수 있다.

읽었으면 달라져야 진짜 독서

인생 후반을 크리에이터로 살아간다는 것은 멋진 일이다.

인생 기획…… 당신에게 독서를 권하는 다섯 번째 이유다.

06

100세 시대
평생 현역을 위해

조지아 오키프는 미국 서부의 황량한 풍경과 정물을 놀라운 이미지로 표현해 꽃과 사막의 화가로 불린다. 오키프가 화가로서 세간의 주목을 받기 시작한 때는 50대에 접어든 뒤였다. 그후 60대와 70대를 거치면서 그녀의 명성은 더 공고해졌다. 가장 중요한 개인전으로 꼽히는 전시회는 1970년에 휘트니 미술관에서 열렸는데, 이때 오키프의 나이는 80대였다. 이 전시회를 계기로 그녀는 미국에서 가장 주목 받는 화가의 반열에 오른다.

나이가 들수록 더욱 뜨겁게 타올랐던 그녀의 열정이 젊음을 유지할 수 있는 비결이었다. 84세의 나이에도 오키프는 24세의 청년 도예

읽었으면 달라져야 진짜 독서

가 후앙 해밀턴(Juan Hamilton) 덕분에 활기를 잃지 않았다. 두 사람이 함께하는 생활은 오키프가 98세로 생을 마감할 때까지 계속되었다. 수많은 작가와 예술가, 기업가, 요리사 등은 나이 들면서 통찰력과 인식이 더 깊어진다. 그리하여 걸출한 작품이나 훌륭한 성과들을 내놓는다. 성숙함은 창의력과 관련하여 무엇보다 유리한 요소다. 인생의 경험이 많을수록 작품의 소재는 풍부해지며 자신의 존재와 세계에 대한 이해도 깊어진다.

한창 나이에 산업사회를 지나 지식경제사회에 진입한 우리에게는 아직 살아가야 할 날이 있다. 과거 우리의 장점은 새로운 시대에 때로 짐이 되기도 한다. 지식경제사회에서는 정보에도 가속이 붙어 한 번 사용된 버전은 낡은 것이 된다. 그런 이유로 상황 파악도 빨리 하고 개념정리도 자주 해줘야 한다. 이에 따라 '안정'은 고전적인 어휘가 되었다. '안정'을 누리던 어느 날 느닷없이 뒤통수를 맞는 일이 비일비재하다. 휩쓸리지 않으려면 능동적으로 변화에 대응해야 한다. 불완전하고 변화 많은 시대, 응전은 무엇일까.

전달력이 핵심 역량

브렌든 버처드는 〈메신저가 되라〉에서 메신저란 '남을 돕는 데서 출발한다'고 말한다. 숱한 어려움 끝에 어떤 일을 해낸 적이 있다면, 현재 그 일로 고생하고 있는 사람들을 도울 수 있기 때문이다. 혹은 어떤 것을 이해하느라 몇 년을 보낸 끝에 마침내 깨달음에 도달했다면 같은 도전을 하는 다른 사람들의 학습 기간을 단축시켜줄 수 있다. 즉 어떤 분야에서든 성공의 비밀을 알아냈다면 다른 사람들에게 그 비밀을 알려줄 수 있다는 의미에서다.

저자는 '남을 돕는다'라는 서비스 정신을 지니는 것이 메신저라는 직업에 다가서는 강력한 동기일 뿐 아니라 사업 측면에서도 좋은 방식이라고 주장한다. 다른 사람들을 돕고자 하는 마음일 때, 상대방은 보다 당신을 믿게 된다. 그리고 이 믿음은 당신의 서비스에 기꺼이 돈을 지불하는 발판이 될 수 있다. 평생 현역이라는 입장에서 우리는 '메신저'에 대해 의미재구성을 해볼 수 있다.

Q. 나의 경험으로 타인에게 유익함을 줄 수 있는가?

Q. 메신저로서 조언할 수 있는 분야는?

Q. 다른 사람들의 학습 기간을 단축시켜줄 확신이 있는가?

사람들은 사생활에 관해서든 직장생활에 관해서든 항상 도움과 조언을 필요로 한다. 시대를 막론하고 연애, 인간관계, 결혼생활 및 자녀교육, 영적 생활 등 사적 영역에 대한 조언에서부터 부동산이나 재무, 경력 관리에 대한 조언, 사업, 마케팅, 기술 등에 대해 조언할 수 있다. 결국 내 경험을 극대화하여 타인에게 도움을 줄 수 있는 사람이 평생 현역이 될 수 있다. 그런데 도움과 조언은 말을 하거나 글을 쓰는 능력과 연결될 때가 많다. 내 경험을 얼마나 적절하게 표현하고 전달할 수 있느냐의 문제와 직결된다.

스톡홀름을 찾은 외국 관광객에게 '스톡홀름에서 꼭 가보고 싶은 건물'을 물으면 79%가 시립도서관을 꼽았다. 매일 오후 퇴근 무렵이 되면 많은 시민들이 이곳에 와서 자유롭게 책을 읽다 간다. 대출도 자유로워 시민은 물론, 여행자들도 신분 확인만 되면 책을 빌릴 수 있다. 또 도서관 분관, 지하철역 등 시내 곳곳에 책을 반납하는 곳이 있어 회수도 쉽다.

음식이 우리 삶에 가까이 있듯이 책도 우리 주변에 가까이 있다. 책이란 삶을 주제로 다룬 것이기 때문이다. 사람 관계에서부터 삶의 균형 그리고 치유까지 모든 일상과 연관된다. 그래서 손만 뻗으면 닿을 수 있는 곳에 책이 있어야 한다. 이것이 진짜 독서다. 발길이 닿는 곳과 손이 닿는 모든 곳에 책을 여러 권 놔두고 이를 읽어갈 때 삶이 꿈틀댄다. 그렇게 읽어갈 때 평생 현역이 현실이 된다.

평생 현역…… 당신에게 독서를 권하는 여섯 번째 이유다.

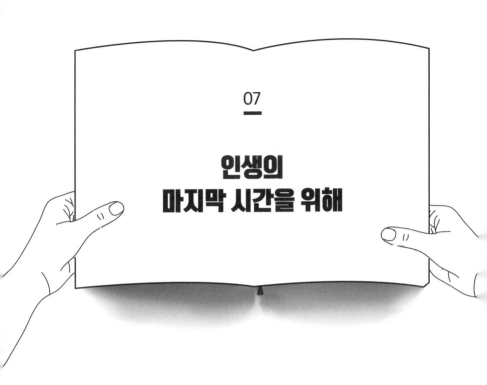

07
___

인생의
마지막 시간을 위해

줄리안 슈나벨의 장편영화 〈잠수종과 나비〉는 세계적인 프랑스 패션

지 엘르의 편집장이었던 장 도미니크 보비의 실화를 영화화한 것이

다. 보비는 저널리스트이자 자상한 아버지였다. 그는 누구나 부러워

하는 멋진 인생을 살았다. 자신의 삶을 사랑했고 유머러스한 대식가

였던 그의 삶은 감금증후군으로 인하여 무너지고 만다. 어느 날 오후

보비는 갑작스러운 뇌졸중으로 쓰러진다. 3주 후에 의식을 간신히 회

복했지만 전신은 마비가 되었다. 그가 움직일 수 있는 것은 단지 왼쪽

눈꺼풀뿐이었다. 그로부터 15개월간 그에게 완전히 새로운 인생이 펼

쳐졌다.

읽었으면 달라져야 진짜 독서

왼쪽 눈꺼풀만 깜빡일 수밖에 없는 그에게 각종 전문가들이 찾아온다. 하지만 이들은 마음의 고통을 더해줄 뿐이었다. 그때 보비는 여성 편집자인 클로드 망디빌의 도움을 받아 눈을 깜빡이는 횟수로 알파벳을 표현할 수 있게 되고, 그에 따라 글을 써내려간다. 유일한 의사소통 수단인 왼쪽 눈꺼풀을 깜박이는 일은 너무 힘들었다. 하루에 쓸 수 있는 분량은 반쪽 정도. 그러나 보비는 15개월 동안 20만 번 이상 눈짓을 통해 〈잠수종과 나비〉라는 책을 완성한다. 고문에 가까운 시간을 거친 끝에 한 권의 책이 탄생한다.

마지막 생명력을 쏟아 부은 이 책은 삶에서 일어났던 일화들을 풍자와 유머로 진실하게 그렸다. 모든 것을 소진시키며 존재의 불멸성을 획득한 그는 책 출간 후 3일 만에 숨을 거둔다. 그는 최악의 순간에도 최고의 삶을 살았다. 보비의 투쟁이 의미하는 것은 무엇일까. 소유가 아니라 존재로서 살고자 하는 인간의 마음일 것이다.

인생의 마지막 책장을 덮는 죽음의 순간을 대부분 의식하지 않고 살아간다. 하지만 읽는 사람들은 매순간 그것을 의식한다. 이것은 단순하지만 생에 커다란 차이를 일으킨다. 소유하는 삶을 살 것인가, 존재하는 삶을 살 것인가 하는 명제와 연관된다. 물질적, 소비적, 천민 자본주의적, 일회성, 욕망에 의존하는 삶을 벗어나 단순함, 방향성, 소명, 사명, 통찰, 성찰 등 존재적으로 살 확률을 높인다.

살아간다는 것은 자아를 발견하고 이를 실현해가는 과정이다. 반도의 땅, 온갖 말초적인 것들이 유혹하지만 본질은 하나다. 각자 저마다의 소명이 있고 자아를 아름답게 실현해갈 수 있다는 진실이 그것이다. 100세 시대라고 해도 돌아보면 금방일 듯하다. 총명하게 활동할 시간은 길지 않다. 그리고 세대별 다른 역할이 있다. 그렇기에 평생직장은 없어도 평생 업에 대한 개념쯤은 알고 가야 하지 않을까. 그것은 세상에 기여할 수 있는 가치와 자아실현에 관한 것들이다. 혹자는 이런 인생을 '흔적'이라고도 부른다.

요즘 1인 출판사도 늘고 출판 장르도 다양해졌다. 자기계발서 역시 진화하고 있다. 자아를 바탕으로 한 체계적인 계통을 세워나가는 독서를 권한다. 연계성 있는 독서 말이다. 내 삶에 적용할 수 있는 부분만 가져오자. 자아가 중심을 잡아주지 않고 하는 모든 것은 허상에 불과하다. 더 깊어지면서 인접 분야로 자연스럽게 인식을 넓혀나갈 수 있다. 이런 것들이 누적되어 한 인간의 가치관, 세계관을 형성한다. 어떤 인간으로 남고 싶은지 명약관화(明若觀火)해지는 것이다.

마지막 시간을 어떻게 살아갈 것인가?

김형석 교수는 〈백 년을 살아보니〉에서 주어진 시간의 한계에 대해 생각하지 않을 수 없다고 말한다. 저자는 앞으로 2년 정도는 할 일이 있다고 한다. 그러고도 더 시간이 허락된다면 무엇을 할 것인가? 그 물음에 두 가지 과제를 예상한다. 100세 인생에서 꼭 남기고 싶었던 마음과 정신적 유산을 고백하자는 뜻에서 가능하다면 강연도 좋고 그게 힘들면 이야기로라도 남기고 싶다. 정신적 여유가 허락된다면 간간이 떠오르는 삶의 단상들을 묶어 작은 책으로라도 남겼으면 좋겠다는 희망이 있다.

"젊었을 때는 시간적 단위가 긴 편이라 20년, 30년의 계획을 세워보기도 한다. 그러다가 50 고개를 넘기게 되면 10여 년씩의 설계를 해본다. 다시 세월이 흘러 70대가 되면 10년 계획도 가능할까 싶어진다. 남자들의 평균수명은 78세로 저자와 같이 90의 언덕 위에 서게 되면 삶의 계획이 2년이나 3년으로 짧아진다. 지나간 과거는 점점 길어졌으나 다가올 미래는 예측할 수 없다."

그는 출판사와 맺은 약속을 지킬 수 있을까, 자문하는 때가 종종 있다. 한 번은 계간지 연재를 청탁받은 일이 있었는데, 1년에 네 차례 200자 원고지 100장씩 연속 발표하는 내용이었다. 그것이 한 권의 책으로 완성되려면 1,000장은 넘어야 하기에 순조롭게 진행되어도 2년 반의 세월이 필요했다. 고민한 나머지 그는 원고지 1,000장쯤은 미리 써놓기로 한다. 인생은 나이의 길이보다 의미와 내용에서, 누가 오래 살았는가를 묻기보다 어떤 인생을 살았나에 대해 묻게 된다. 예습처럼 몇 가지 의미재구성을 해볼 수 있다.

Q. 인생의 마라톤 경기에서 마지막 부분을 어떻게 완주할 것인가?
Q. 그것은 과거의 연장인가? 새로운 출발인가?

Q. 주어진 시간의 한계를 의식하고 살아가는가?

　프랑스의 사상가이자 철학자 몽테뉴는 법원을 사직한 후 독서를 하고 사색을 즐겼다.

　"나의 독서실은 3층에 있다. 나는 이 독서실에서 인생의 대부분을 지내고 하루 시간의 대부분을 보내고 있다. 겨울철에는 난방을 할 수가 있고 채광과 통풍을 위해서 적당하게 창이 나 있으며 세 방향을 내다볼 수가 있다. 벽이 원형으로 되어 있으므로 다섯 층으로 늘어선 책꽂이를 한눈으로 쭉 살필 수 있다. 방의 지름은 16보쯤 된다. 여기가 인생에 있어, 또 우주에 있어서의 나의 위치이다. 나는 젊은 시절에 남에게 자랑하고 싶어서 공부를 했다. 그 이후에는 지혜를 얻기 위해서 공부했다. 그리고 지금은 기분을 조화시키기 위해 독서를 한다."

　몽테뉴처럼 우주에 있어서의 나의 위치를 아는가. 안다면 나아갈 방향도 명료하게 보일 것이다. 현실적인 좌표, 정신적인 좌표가 동일하다면 이상적이다. 하지만 지금 좌표 이동 중이라면 텍스트를 통하여 수시로 북극성을 확인해야 한다. 좌표는 현재 나의 조망권이다. 수시로 책을 통해 좌표를 묻고 답을 구하자.

　최종 좌표······ 당신에게 독서를 권하는 일곱 번째 이유다.

읽었으면 달라져야 진짜 독서

08

책이 커피처럼
소비되는 시대를 위해

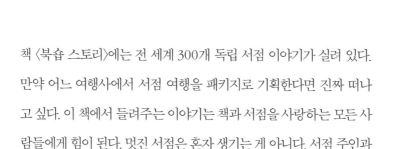

책 〈북숍 스토리〉에는 전 세계 300개 독립 서점 이야기가 실려 있다. 만약 어느 여행사에서 서점 여행을 패키지로 기획한다면 진짜 떠나고 싶다. 이 책에서 들려주는 이야기는 책과 서점을 사랑하는 모든 사람들에게 힘이 된다. 멋진 서점은 혼자 생기는 게 아니다. 서점 주인과 직원, 독자가 협업한 끝에 탄생한다.

'던트 북스'라는 서점은 런던에 6개의 지점을 열었다. 제임스 던트라는 인물이 던트 북스를 창립하고 1990년 첫 지점을 열어 지금은 런던 유수의 여행 및 전문 서점으로 자리를 잡고 있다. 조금 모순되지만 그는 아마존닷컴과 손잡고 워터스톤즈 매장에서 전자책 전용 단말기와 킨들을 판매하는 계약을 맺었다. 이때 그는 이렇게 말했다.

"전자책이 종이책의 종말을 뜻하지는 않아요. 서점, 아니 '소비자에게 책을 파는 공간'이라고 할까요. 그런 공간이 차지할 자리는 여전히 존재해요. 또 서점은 여전히 매력적이고 참여적인 공간일 거고요. 그런 만큼 전자책 비중이 종이책 시장을 완전히 잠식할 정도로 확대될 것이라고는 생각하지 않아요. (……) 어릴 때 독서를 좋아하게 되면 평생 간답니다. 늘 책을 읽지는 않더라도 책 속에 둘러싸이고 싶은 순간이나 책이 보여주는 세상 속으로 들어가고 싶은 순간이 수시로 찾아오죠. 책과 서점의 세계는 아주 흥미로워요. 작가, 책 판매원, 에이전시, 출판사, 손님 들 누구라도 재미있고 멋진 사람이 많죠. 그래서 좋은 서점은 지역 사회의 중심점이 될 때가 많아요. 저는 서점이 그런 역할을 하기를 진심으로 바랍니다."

책과 삶의 무한루프

무라카미 하루키는 〈직업으로서의 소설가〉에서 집필 스타일에 대해 말한다. 장편소설의 경우, 하루에 200자 원고지 20매를 쓰는 것을 규칙으로 삼고 있다. 좀 더 쓰고 싶더라도 20매 정도에서 딱 멈추고, 오늘은 뭔가 좀 잘 안 된다 싶어도 어떻게든 20매를 채운다. 장기적인 일을 할 때는 규칙성이 중요한 의미를 갖기 때문이다. 쓸 수 있을 때는

읽었으면 달라져야 진짜 독서

그 기세를 몰아 많이 쓰거나 써지지 않을 때는 쉬게 되면 규칙성은 생기지 않는다. 타임카드를 찍듯이 하루에 거의 정확하게 20매를 쓴다. 아침 일찍 일어나 커피를 내리고 네 시간이나 다섯 시간, 책상을 마주한다. 하루에 20매의 원고를 쓰면 한 달에 600매를 쓸 수 있다. 단순 계산하면 반년에 3,600매를 쓰게 된다. 장편소설의 집필은 야구와 달라서 일단 초고를 완성한 그때부터 다시 또 다른 승부가 시작된다.

이렇게 영혼을 파는 저자들에 대한 응답은 무엇일까. 그것은 책은 '소비'라는 관점으로 바라보는 데 있다. 소장용이라는 가치보다 패션과 같이 취향으로 접근하는 것이다. 책은 더 쉽게, 더 자주 소비되어야 한다. 이것이 책을 최고로 활용하는 법이다. 책은 먼 곳에 있지 않다. 천만 영화가 우리에게 가까이 온 것처럼 책 역시 테이크아웃 커피처럼 소비되어야 한다. 세상에는 예쁜 책이 더 많아져야 하고 1인 콘셉트 저자들이 더 나와야 하고 맞춤 출간이 더 쉬워져야 한다. 문턱이 낮아져 친밀한 일상이 되어야 한다. 테이크아웃 커피 3잔을 마시는 라이프스타일이라면 책으로 '알쓸신잡'과 같은 리뷰를 나눌 수 있다.

책의 리뷰가 꼭 글쓰기일 필요는 없다. 어느 자리에서든 그 책에 대해 말하면 된다. 내 일상을 끄집어 나오게 하는 연결도구로써 말이다. 의미재구성에 대한 경험을 공유하는 일이 더 자주 일상에서 빚어져야 한다. 책은 기호처럼 소비되어야 한다. 그 사람이 어떤 취향일지 아는 도구, 지성의 기표로 취급되어야 한다. 그가 프랑스 소설을 읽는지, 명화 관련 책을 읽는지, 정서를 위해 시를 읽는지, 정신력 담긴 자기계발서를 읽는지, 에세이로 치유받는지가 기표로 작용되어야 한다.

어떤 브랜드를 선호하는지가 한 사람의 기표로 작용되는 것처럼 책도 그러하다. 그가 읽는 내용이 그의 영혼을 구성하고 있다. 화두가 얼굴에 드러나 얼의 꼴을 형성하는 것처럼 읽고 있는 책이 그의 요즘 관심사인 것이다. 또는 책장에 꽂힌 책이 그의 지나온 역사 그리고 나아갈 방향에 관한 것일 수 있다. 책은 취향처럼 더 자주 소비되어야 한다. 치맥보다 더 팔려야 한다. 검색어 순위, 연예인, 정치인, 공인, 방송 프로그램에 대한 관심보다 더 뜨거워야 한다. 1만5천 원에 대한 리뷰는 어느 자리에서든 나눌 수 있어야 한다. 마치 프랑스 바칼로레아 질문이 논술 시험일에 프랑스인들 저녁 토론의 주제가 되는 것처럼 말이다.

삶이 곧 독서⋯⋯ 당신에게 독서를 권하는 마지막 이유다.